MARCO POLO

ZYPERN

Reisen mit

Insider-Tips

Diese Tips sind die ganz speziellen Empfehlungen unserer Autoren. Sie sind im Text gelb unterlegt.

Sechs Symbole sollen Ihnen die Orientierung in diesem Führer erleichtern:

★

für Marco Polo Tips – die besten in jeder Kategorie

für alle Objekte, bei denen Sie auch eine schöne Aussicht haben

für Plätze, wo Sie bestimmt viele Einheimische treffen

für Treffpunkte für junge Leute

(A1)

Koordinaten für die Übersichtskarte

Die Marco Polo Route in der Karte verbindet die schönsten Punkte Zyperns zu einer Idealtour.

Diesen Führer schrieb Alfred Janssen. Eines seiner Spezialgebiete als Reisejournalist ist Zypern. Die Marco Polo Reihe wird herausgegeben von Ferdinand Ranft.

MAIRS GEOGRAPHISCHER VERLAG

MARCO POLO

Für Ihre nächste Reise gibt es folgende Titel dieser Reihe:

Ägypten • Alaska • Algarve • Allgäu • Amrum/Föhr • Amsterdam • Andalusien • Antarktis • Argentinien/Buenos Aires • Athen • Australien • Bahamas • Bali/Lombok • Baltikum • Bangkok • Barbados • Barcelona • Bayerischer Wald • Berlin • Berner Oberland • Bodensee • Bornholm • Brasilien/Rio • Bretagne • Brüssel • Budapest • Bulgarien • Burgenland • Burgund • Capri • Chalkidiki • Chiemgau/Berchtesgaden • China • Costa Brava • Costa del Sol/Granada • Costa Rica • Côte d'Azur • Dänemark • Disneyland Paris • Dolomiten • Dominik. Republik • Dresden • Dubai/Emirate/Oman • Düsseldorf • Eifel • Elba • Elsaß • England • Erzgebirge/Vogtland • Feuerland/Patagonien • Finnland • Flandern • Florenz • Florida • Franken • Frankfurt • Frankreich • Frz. Atlantikküste • Fuerteventura • Galicien/Nordwest-Spanien • Gardasee • Golf von Neapel • Gran Canaria • Griechenland • Griech. Inseln/Ägäis • Hamburg • Harz • Hawaii • Heidelberg • Holland • Hongkong • Ibiza/Formentera • Indien • Ionische Inseln • Irland • Ischia • Island • Israel • Istanbul • Istrien • Italien • Italien Nord • Italien Süd • Ital. Adria • Ital. Riviera • Jamaica • Japan • Java/Sumatra • Jemen • Jerusalem • Jordanien • Kalifornien • Kanada • Kanada Ost • Kanada West • Kanalinseln • Karibik I • Karibik II • Kärnten • Kenia • Köln • Königsberg/Ostpreußen Nord • Kopenhagen • Korsika • Kreta • Krim/Schwarzmeerküste • Kuba • Lanzarote • La Palma • Leipzig • Libanon • Lissabon • Lofoten • Loire-Tal • London • Luxemburg • Macau • Madagaskar • Madeira • Madrid • Mailand/Lombardei • Malaysia • Malediven • Mallorca • Malta • Mark Brandenburg • Marokko • Masurische Seen • Mauritius • Mecklenburger Seenplatte • Menorca • Mexiko • Mosel • Moskau • München • Namibia • Nepal • Neuseeland • New York • Nordseeküste: Schlesw.-Holst. • Normandie • Norwegen • Oberbayern • Oberital. Seen • Oberschwaben • Österreich • Ostfries. Inseln • Ostseeküste: Mecklbg.-Vorp. • Ostseeküste: Schlesw.-Holst. • Paris • Peking • Peloponnes • Pfalz • Philippinen • Polen • Portugal • Potsdam • Prag • Provence • Rhodos • Riesengebirge • Rom • Rügen • Rumänien • Rußland • Salzburg/Salzkammergut • San Francisco • Sardinien • Schottland • Schwarzwald • Schweden • Schweiz • Seychellen • Singapur • Sizilien • Slowakei • Spanien • Spreewald/Lausitz • Sri Lanka • Steiermark • St. Petersburg • Südafrika • Südamerika • Südengland • Südkorea • Südsee • Südtirol • Sylt • Syrien • Taiwan • Teneriffa • Tessin • Thailand • Thüringen • Tirol • Tokio • Toskana • Tschechien • Tunesien • Türkei • Türk. Mittelmeerküste • Umbrien • Ungarn • USA • USA: Neuengland • USA Ost • USA Südstaaten • USA Südwest • USA West • Usedom • Venedig • Venezuela • Vietnam • Wales • Die Wartburg/Eisenach und Umgebung • Weimar • Wien • Zürich • Zypern • Die besten Weine in Deutschland • Die 30 tollsten Ziele in Europa • Die tollsten Hotels in Deutschland • Die tollsten Restaurants in Deutschland

Die Marco Polo Redaktion freut sich, wenn Sie ihr schreiben:
Marco Polo Redaktion, Mairs Geographischer Verlag
Postfach 31 51, D-73751 Ostfildern

Titelbild: Felsen der Aphrodite, Petra tou Romiou (Bilderberg/Kunz)
Fotos: Bötig (4); Mauritius: Bergmann (37, 84, 87), Bohnacker (Anreise, 39), Gierth (12, 62, 74, 78), Photo Bank (46), Pigneter (31), Torino (40, 48), Waldkirch (26, 29); Lade: Ege (44), Nägele (24, 52, 61); Schapowalow: Picker (11), Thiele (71); Transglobe: Otto (17), Svensson (8); Touristik-Marketing GmbH (20, 23)

7., aktualisierte Auflage 1997

Lektorat: Gesine Harms
Gestaltung: Thienhaus/Wippermann (Büro Hamburg)
Kartographie: Mairs Geographischer Verlag, Hallwag
Sprachführer: in Zusammenbarbeit mit Ernst Klett Verlag für Wissen und Bildung GmbH, Redaktion PONS Wörterbücher

Printed in Germany
Gedruckt auf 100% chlorfrei gebleichtem Papier

INHALT

Entdecken Sie Zypern!

Naturschönheiten, ausgezeichnete Strände, historische Stätten und kulinarische Köstlichkeiten locken den Besucher auf diese Insel

Im äußersten Osten des Mittelmeers liegt eine Insel, nicht einmal halb so groß wie Hessen und sogar noch etwas kleiner als Kärnten. Die Einheimischen nennen sie Kipros, bei uns heißt sie Zypern.

Als Urlaubsziel hat sie inzwischen einen festen Platz in den Katalogen aller größeren Reiseveranstalter. Von Frankfurt ist sie nur etwa vier Flugstunden entfernt; das milde Klima verspricht das ganze Jahr über einen sonnigen Urlaub.

Ein Massenurlaubsziel ist Zypern dennoch nicht geworden. Vielleicht sind die Naturschönheiten und ausgezeichneten Strände, die historischen Stätten und die kulinarischen Genüsse der Insel ganz einfach bei uns noch zu unbekannt; vielleicht halten aber auch die politischen Umstände in der Region und auf der Insel selbst manch Interessierten von einem Besuch ab. Schließlich weiß man ja, daß Zypern seit 1974 geteilt ist, daß im Norden der Insel noch immer 40 000 Mann türkische Invasionstruppen stehen und daß UN-Blauhelme seit 1964 auf Zypern stationiert sind. Ein Blick in den Atlas zeigt, daß die syrische Küste nur gut 100, die ägyptische 350 km entfernt ist – der Krisenherd Nahost scheint nah.

Aber seien Sie versichert: Sie können Ihren Urlaub auf Zypern ebenso friedlich und ruhig verbringen wie irgendwo anders am Mittelmeer. Weitab von allen großen Industriezentren und verschmutzten Flüssen genießen Sie saubere Strände und ein glasklares Meer; eine äußerst gastfreundliche und kultivierte Bevölkerung sorgt dafür, daß Sie sich rundum wohl fühlen und sich jeden Tag aufs neue von den Schönheiten der Insel überraschen lassen können.

Die Küstenformen Zyperns sind vielfältig und bieten für jeden Badegeschmack etwas. Ausgedehnte, kilometerlange Sandstrände säumen nahezu die gesamte Ostküste nördlich von Famagusta und die Südküste bei Larnaka; viele mehr oder minder

Das begehrteste Fotomotiv der Insel: die beeindruckende Moschee Hala Sultan Tekkesi in Larnaka

Geschichtstabelle

7000–1050 v. Chr.
Zypern wird vom kleinasiatischen Festland aus besiedelt

294 v. –391 n. Chr.
Zypern wird zunächst zu einer Provinz des ägyptischen Ptolemäerreiches und 58 v. Chr. römisch. Pafos ist Hauptstadt; 45 n. Chr. besucht der Apostel Paulus die Insel

391–1191
Zypern gehört zum Oströmischen und später zum Byzantinischen Reich, ist aber von 647–965 zugleich den Arabern tributpflichtig

1191–1489
Zypern wird von fränkischen Königen aus dem Kreuzrittergeschlecht der Lusignans regiert

1489–1571
Die Insel gehört Venedig

1571–1878
Zypern gehört zum Osmanischen Reich; zahlreiche Türken werden auf der Insel angesiedelt

1878–1925
Großbritannien hat Zypern wegen seiner strategischen Bedeutung am Eingang zum Suez-Kanal vom Osmanischen Reich gepachtet

1925–1960
Zypern ist britische Kronkolonie, ab 1931 wird vom Volk aber der Anschluß der Insel an Griechenland gefordert. 1950 wird der neu gewählte Erzbischof Makarios III. zum politischen Fürsprecher für den Anschluß, von 1955 bis 1958 kämpfen die griechischen Zyprioten in der EOKA genannten Widerstandsorganisation auch gewaltsam dafür

1960–1974
Zypern ist ein unabhängiger Staat. Erzbischof Makarios III. wird erster Präsident. Bereits 1963 kommt es zu ersten Kämpfen zwischen griechischen und türkischen Zyprioten, die in eine Art Bürgerkrieg ausarten. 1964 werden die ersten UN-Friedenstruppen nach Zypern entsandt. In der Folgezeit verübt die EOKA zahlreiche Anschläge gegen türkische Zyprioten, um doch noch den Anschluß der Insel an Griechenland zu erreichen

Seit 1974
Zypern ist geteilt. Am 15. Juli 1974 wird Makarios durch einen von der seit 1967 in Griechenland herrschenden Militärjunta angezettelten Putsch aus dem Amt vertrieben, in das er erst im Dezember 1974 zurückkehrt. Inzwischen haben türkische Truppen vom 20.7. bis 16.8. über ein Drittel der Insel erobert. 1977 stirbt Makarios. 1983 proklamiert der türkische Zypriot Rauf Denktasch im besetzten Inselteil die »Türkische Republik Nord-Zypern«, die aber nur von der Türkei als selbständiger Staat anerkannt wird. 1993 wird Klafkos Klerides zum jetzigen Präsidenten der Republik Zypern gewählt

kleine Sandstrandbuchten gibt es bei Agia Napa und westlich von Pafos, in der Nähe von Limassol und auch im Norden nahe Kyrenia. Kieselsteinstrände haben die Küsten bei Polis zu bieten. Von in Jahrtausenden ganz glatt geschliffenen Felsen aus geht man beim Kloster Agios Georgios Alemannos aus ins Wasser. Aber auch imposante Steilküsten fehlen nicht. Besonders eindrucksvoll sind sie im Süden zwischen Kourion und den Felsen der Aphrodite.

Die Küstenebenen werden intensiv landwirtschaftlich genutzt. Weingärten wechseln mit kleinen Getreidefeldern, Oliven- und Johannisbrothainen. Bei Limassol und Pafos werden Südfrüchte aller Art angebaut, bei Agia Napa Kartoffeln, bei Pafos Bananen und Erdnüsse. Zwei Salzseen in Küstennähe haben besonderen exotischen Reiz. Wenn sie im Winterhalbjahr mit Wasser gefüllt sind, bieten sie unzähligen Flamingos eine Heimat; im Sommer erscheinen sie wie Wüsten.

Entlang der Südküste liegen drei der fünf größten Städte Zyperns: Limassol mit 137 000, Larnaka mit 44 000 und Pafos mit 25 000 Einwohnern. Sie wirken insgesamt sehr modern und gepflegt, Neubauten bestimmen das Bild. Das ist kein Wunder, wenn man bedenkt, daß sie alle drei erst nach dem Zypern-Krieg von 1974 von recht unbedeutenden Kleinstädten zu wichtigen Handels-, Hafen- und Urlauberstädten heranwuchsen. Larnaka zum Beispiel hatte zuvor nur etwa 20 000 Einwohner, Limassol nur 45 000 und Pafos gar nur 10 000 Bewohner.

Ihrem geringen Alter entsprechend weisen auch die meisten Hotels einen hohen Standard auf. Bausünden wie noch vor 1974 in Famagusta oder in Spanien und Italien wurden kaum begangen, die meisten Hotels haben ein menschliches Maß und passen sich gut in die Landschaft ein. Dem Hotelpersonal merkt man deutlich die gute Schulbildung an, dem Management Professionalität.

Ebenso wie in den Hotels wird auch in Restaurants, Geschäften und anderswo nahezu überall ausgezeichnet Englisch gesprochen. Speisekarten und Hinweisschilder sind durchweg zweisprachig; Deutsch ist als dritte Sprache immer weiter verbreitet.

Sprachkenntnisse und gute Organisation sind sicherlich auch eine Folge der langen britischen Herrschaft über die Insel. Von 1878 bis 1960 wurden die Geschicke Zyperns von London aus bestimmt. Zudem besitzt die Republik Zypern keine eigene Universität, viele junge Leute gehen zum Studium nach Großbritannien oder in die USA, viele Ältere haben lange Jahre auf den Britischen Inseln gelebt und gearbeitet. Großbritannien besitzt zwischen Limassol und Pafos sowie zwischen Larnaka und Agia Napa noch immer zwei große Militärstützpunkte auf der Insel, auf denen auch Zyprioten arbeiten. Die Programme des Soldatensenders BFBS und der BBC werden auf Zypern gut empfangen und viel gehört.

Von fremden Herrschern regiert wurde Zypern häufig in seiner langen Vergangenheit. Bereits vor 9000 Jahren, also lange bevor in Deutschland die ersten Dörfer entstanden und auch noch weit vor den steinzeitlichen Großbauten von Stonehenge, Irland und Malta, lebten die Menschen auf Zypern schon in gut organisierten Dörfern aus steinernen Rundhütten, deren eindrucksvolle Überreste in Choirokoitia besichtigt werden können.

Wer auf den Spuren der Geschichte wandeln will, findet denn auf Zypern auch reichlich Gelegenheit dazu. Sogar am Strand: Auf den Kieselsteinen neben den Felsen der Aphrodite, von den Zyprioten »Petra tou Romiou« genannt, betrat die antike Liebesgöttin nach der Überlieferung der alten Griechen erstmals irdischen Boden. Entstanden war sie aus dem lange auf dem Meer herumtreibenden Glied des von Kronos entmannten Uranos. Auf dem Götterberg Olymp war sie für die Schönheit und Liebe zuständig. Ihr huldigte sie auch selbst auf Erden, wo sie sich heimlich mit ihrem Geliebten Akamas im Bad der Aphrodite bei Polis traf.

Auf Zypern war schon vor der Ankunft der achäischen Griechen gegen Ende des 2. Jahrtausends vor Christi eine weibliche Fruchtbarkeitsgöttin verehrt worden. Im ersten Jahrtausend wurde sie dann an ihrer alten Kultstätte unter dem neuen Namen Aphrodite verehrt. Dieses Heiligtum bei Pafos entwickelte sich zu einem der bedeutendsten Pilgerziele der

Ausschnitt aus einem der zahlreichen Mosaike in Pafos

antiken Welt. So galt Zypern fortan als »Insel der Aphrodite« – ein Beiname, der auch in der modernen Fremdenverkehrswerbung noch ausgiebig Verwendung findet.

Nicht weit von Pafos entfernt wurde in Kourion ein schöner, junger männlicher Gott verehrt: Apoll. In seinem Heiligtum sind hauptsächlich Bauten aus römischer Zeit erhalten. Aus jener Epoche stammt auch das wieder restaurierte Amphitheater der römischen Stadt Kourion, in dem man sich noch immer Schauspiel- und Musikaufführungen anschauen kann.

Aufführungen verschiedener Art finden auch noch im antiken Odeon von Pafos statt, wo besonders viele antike Sehenswürdigkeiten erhalten sind. Pafos ist so etwas wie ein riesiger archäologischer Park, in dem man neben einzigartig gut erhaltenen römischen Mosaiken und seltsamen Gräbern aus der Ptolemäerzeit auch eine Säule sehen kann, an der der Apostel Paulus einst ausgepeitscht wurde.

Mit Paulus kam das Christentum nach Zypern. Ein anderer Apostel, Barnabas, wurde erster Bischof der Insel. Zahlreiche Überreste großer Basiliken und ein Mosaik vom künstlerischen Rang der Mosaike von Ravenna zeugen von großen frühchristlichen Gemeinden in den ersten Jahrhunderten des Oströmisch-Byzantinischen Reichs von etwa 400 bis zu den Arabereinfällen nach 642.

Kirchen, die in Teilen schon seit über 1000 Jahren stehen, findet man in manchen zypriotischen Städten und Dörfern, so in Geroskipou und Larnaka. Die in Larnaka trägt den Namen einer berühmten biblischen Gestalt, nämlich des Lazarus, den Christus von den Toten erweckte. Er soll nach seiner Wiederauferstehung erster Bischof der Stadt geworden und nach seinem Tod auch endgültig hier bestattet worden sein. In Geroskipou ist die uralte Kirche der Agia Paraskevi geweiht, einer Märtyrerin, der heidnische Chargen die Augen ausstachen. Sie avancierte in der orthodoxen Kirche zur Schutzheiligen der Augenkranken. An ihrer Ikone sind viele kleine Votivtäfelchen befestigt, die ein Augenpaar zeigen: Dankesgaben von Gläubigen, deren Augenkrankheit durch Vermittlung der Heiligen gelindert oder geheilt wurde.

Der christliche Glauben orthodoxer Ausprägung ist noch tief im zypriotischen Volk verwurzelt. Das orthodoxe Christentum ist der wesentliche Grund dafür, daß die Zyprioten in den 800 Jahren der Fremdherrschaft (seit 1191) ihre Identität nicht verloren. So ist der Einfluß der Kirche auf das private und das öffentliche Leben denn auch noch immer stark. Zivile Eheschließungen und Ehescheidungen sind erst seit 1990 zulässig, werden aber kaum beansprucht. Die Kirche und einzelne Klöster besitzen viele Ländereien, halten Anteile an Weinkellereien und einer Brauerei, an Hotels und anderen Unternehmen. Auch nach dem Tode von Makarios III., der von 1960 bis 1977 in Personalunion Erzbischof und Staatspräsident von Zypern war, ist der Einfluß der Kirche auf die Politik kaum zurückgegangen. Selbst die meisten Wähler der Kommunistischen Partei Zyperns, der AKEL, die zuletzt noch immer über ein Viertel aller Wählerstimmen auf sich vereinigen konnte, gehen an Feiertagen in die Kirche.

Für Urlauber sind die Kirchen im Troodos-Gebirge von besonderem Interesse. Sie sind mit ihren weit heruntergezogenen Ziegeldächern, die ihnen das Aussehen von Scheunen verleihen, von einzigartiger architektonischer Gestalt. In über 20 von ihnen haben sich mittelalterliche Wandmalereien hervorragend erhalten. Sie stehen deswegen, so unscheinbar sie äußerlich auch scheinen mögen, allesamt auf der Unesco-Liste des Weltkulturerbes der Menschheit. Zumindest das Kirchlein von Asinou sollte man gesehen haben, wenn man behaupten will, Zypern ein wenig zu kennen.

Der Troodos ist eins der beiden Gebirge der Insel. Das andere ist der Pendedaktilos, auch Kyrenia-Gebirge genannt. Der Pendedaktilos erstreckt sich über 100 Kilometer lang und bis zu 1026 Meter hoch entlang der Nordküste Zyperns; der Troodos nimmt mit einem Durchmesser von über 60 Kilometern und einer Höhe von 1951 Meter den gesamten Westen und weite Teile des Inselsüdens ein. Zwischen beiden Gebirgen liegt in etwa 100 Meter Höhe eine breite Ebene, die sich von Morphu im Westen bis nach Famagusta im Osten quer durch die Insel zieht. In ihr liegt auch die Inselhauptstadt Nicosia (Lefkosia).

Das Troodos-Gebirge besteht aus zahllosen Bergketten, die Mittelgebirgscharakter haben. In den Flußtälern gedeihen Kirschen und Walnüsse, Äpfel und Birnen, Pflaumen und zahlreiche andere Obst- und Nußsorten; bis auf Höhen von über 1000 Meter wird Wein angebaut. Andere Regionen sind dicht bewaldet, insbesondere im Westen des Gebirges. Es gibt kurze Bäche, die das ganze Jahr über Wasser führen, und nahe Pano Platres sogar einen Wasserfall. Viele kleine und große Stauseen fangen die Winterregen auf, an mehreren Orten werden in großen Becken Forellen gezüchtet. Der gesamte Troodos wird von einem Netz gut befahrbarer Straßen und Waldwege durchzogen. Für Wanderfreunde sind sogar einige Naturlehrpfade markiert. Altertümlich-urig anmutende Busse fahren in alle Dörfer, von denen manche wie Pano Platres und Kakopetria ganz auf den Fremdenverkehr eingestellt sind, während andere noch ganz ländlich wirken. In diesen Dörfern werden noch traditionelle Hochzeiten gefeiert, zu denen die gesamte Dorfgemeinschaft und auch vorübergehende Fremde eingeladen werden. In den Klöstern finden jeden Sonntagmorgen Taufen mit anschließenden Festessen statt.

Von Armut geschaffenes Idyll darf man auch in den Bergdörfern freilich nicht mehr erwarten. Zypern ist ein recht wohlhabendes Land und so haben selbst im hintersten Winkel moderne, komfortable Häuser die alten Hütten ersetzt, nutzen die Bauern Autos und Traktoren, statt auf Eseln und Maultieren zu reiten.

Bei der Fahrt durch die Gebirgstäler stößt man auch immer wieder auf Dörfer, die teilweise

Olivenbäume zieren vor allem die Küstenbereiche Zyperns

oder vollkommen verlassen sind. In ihnen haben bis 1974 türkische Zyprioten gewohnt. Sie verließen sie wegen der Teilung der Insel nach der türkischen Invasion im Juli 1974. Der einmonatige Krieg war durch einen von der damaligen griechischen Militärdiktatur angezettelten Putsch gegen Staatspräsident Makarios III. verursacht worden, der den Anschluß Zyperns an Griechenland zum Ziel hatte. Um das zu verhindern, machten die Türken von ihrem vermeintlichen Interventionsrecht Gebrauch. Wider alles Völkerrecht stehen türkische Truppen noch heute im Norden der Insel und halten fast 40 Prozent von ihr besetzt. In der Folge des Krieges kam es zu einer gewaltigen Bevölkerungsbewegung: Über 150 000 griechische Zyprioten flohen aus dem türkisch besetzten Norden in den Süden der Insel, über 45 000 türkische Zyprioten siedelten in den Norden um. Von den 700 000 heute auf der Insel lebenden Menschen sind ein Viertel Flüchtlinge. Insgesamt leben jetzt im Süden etwa 550 000 griechische Zyprioten. Im Norden sind etwa 150 000 türkische Zyprioten zu Hause, deren Vorfahren in den über 300 Jahren türkischer Herrschaft zwischen 1571 und 1878 auf die Insel kamen.

Gegen die Bedrohung aus Anatolien hatten sich die vorhergehenden Fremdherrscher über die Insel mit Burgen zu sichern gesucht. Im Kyrenia-Gebirge sind drei von ihnen erhalten, von denen aus man an ganz klaren Tagen einen Blick bis hinüber zum kleinasiatischen Taurus-Gebirge hat.

Zum Schutz vor Invasoren hatten die Kreuzritter und später die Venezianer auch ihre wichtigsten Städte – Nicosia, Famagusta und Kyrenia – mit Mauern umgeben. In Nicosia und Famagusta begrenzen sie noch immer die Altstadt. In diesen Altstädten hat sich ebenso wie in der Umgebung der Markthallen etwas vom orientalischen Flair erhalten, das für Zypern noch in den dreißiger Jahren charakteristisch war, inzwischen aber im Zuge des Wirtschaftsaufschwungs weitgehend verschwunden ist.

Zyperns Städte lohnen dennoch einen Besuch: nicht nur jenes Flairs wegen, sondern auch wegen der guten Einkaufsmöglichkeiten, der hier anzutreffenden Altertümer und der Museen. Letztere sind nicht nur der Archäologie, sondern auch der Folklore, der byzantinischen Kunst und der neueren Geschichte gewidmet und runden so das Bild ab, das man auf Fahrten kreuz und quer über diese schöne Insel gewinnt, die nach Sizilien und Sardinien die drittgrößte im Mittelmeer ist.

Von Byzanz bis Tempel

Die Geschichte hat ihre Spuren nicht nur in Stein hinterlassen, sondern auch in den politischen Problemen, vor denen Zypern heute steht

Ausländer
Ausländer haben in den letzten 800 Jahren die Geschicke Zyperns bestimmt. Seit 1191 wurde die Insel von fremden Herrschern regiert, die eine andere Sprache als die Zyprioten sprachen und einer anderen Konfession, wenn nicht gar Religion angehörten. Erst kamen die römisch-katholischen Kreuzritter, dann die Venezianer, später die Türken und schließlich die Engländer. Großbritannien, Griechenland und die Türkei gaben Zypern ohne Mitwirkung von Zyprioten die Verfassung des heutigen Staates – und seit 1974 sind wieder fremde Besatzer auf der Insel, abermals die Türken. Sie haben über ein Drittel der Insel unter Kontrolle und bestimmen dadurch auch entscheidend das Verhalten der rechtmäßigen zypriotischen Regierung mit, die einen Großteil ihrer Energie darauf verwendet, wieder ein vereintes Zypern zu schaffen. Friedenstruppen der UNO kontrollieren die von der Türkei gewaltsam geschaffene Grenze, die Briten unterhalten auf der Insel noch immer zwei große Stützpunkte, deren Territorium der Kontrolle der zypriotischen Regierung entzogen ist. Zypern wird wohl erst in eine wirklich neue Epoche seiner Geschichte eintreten können, wenn es EU-Mitglied wird – der Antrag auf Mitgliedschaft wurde am 4. Juli 1990 gestellt.

Das Apollon-Heiligtum in Kourion – ein Überbleibsel aus römischer Zeit

Bewässerung
Wie alle Mittelmeerinseln leidet Zypern unter Wassermangel. Steigende Touristenzahlen verschärfen das Problem noch. Eine Lösung scheint in Sicht: Im Winterhalbjahr fallen im Gebirge nämlich genug Niederschläge, um die Insel das ganze Jahr über mit Wasser zu versorgen. Dieses muß nur aufgefangen werden. Zahlreiche Bewässerungsbecken und Staudämme sind seit 1960 schon geschaffen worden, weitere sind im Bau. Über viele Kilometer lange Kanäle und Pipelines wird dieses Wasser bis in die Städte Limassol, Larnaka, Nicosia und Agia

Napa geleitet, wo es Felder bewässert und aus Wasserhähnen sprudelt. Endgültig abgeschlossen werden die Arbeiten aber wohl erst im nächsten Jahrtausend – bis dahin sind auch die Urlauber noch aufgerufen, sparsam mit dem kostbaren Naß umzugehen.

Byzanz

Byzantinischem begegnet man in Zypern auf Schritt und Tritt. Man besichtigt byzantinische Kirchen, Wandmalereien und Ikonen, stößt auf byzantinische Burgruinen und Stadtmauerreste, hört von byzantinischen Traditionen, die in Musik, Volkskunst und im Denken der Menschen fortleben. In nahezu allen Gotteshäusern trifft man auf den byzantinischen Doppeladler, Symbol der weiter bestehenden Kirche und des untergegangenen Byzantinischen Reichs. Byzanz ist für Zypern die Klammer zu Griechenland, das sich als sein Nachfolger versteht. Ein Teil Griechenlands war Zypern ja nie – wohl aber mit Griechenland gemeinsam ein Teil von Byzanz. Die Sehnsucht nach Wiedervereinigung mit dem orthodoxen Staat ist schon 800 Jahre alt. Sie begann nach der Eroberung der Insel durch die Kreuzritter im Jahre 1191, 250 Jahre lang bestand zunächst auch noch ein handfestes Ziel: das bis 1453 weiterbestehende Byzantinische Reich. Als sich Griechenland 1828 dann vom türkischen Joch befreit hatte, trat das freie Hellas an seine Stelle.

Kaiser Konstantin hatte 330 n. Chr. die Hauptstadt des Römischen Reichs von Rom an den Bosporus verlegt. 395 teilte Kaiser Theodosius das Römische Reich, die Stadt, inzwischen Konstantinopel genannt, wurde zum Zentrum des Oströmischen Reichs. Als die Türken Byzanz 1453 eroberten, benannten sie die Stadt in Istanbul um. Griechen aus Megara bei Athen hatten sie um 660 v. Chr. als Byzantion gegründet.

Während Rom und das Weströmische Reich im 5. Jh. unter den Angriffen und Plünderungen durch Westgoten, Vandalen und Hunnen zu leiden hatten und 476 schließlich ganz untergingen, konnten die oströmischen Kaiser ihr Reich halten und ausbauen.

Unter Kaiser Justinian I. (527 bis 565) reichte es bis nach Italien, Nordafrika, Spanien und weit nach Kleinasien hinein. Zypern war ein Teil dieses Reiches.

Im Byzantinischen Reich war das orthodoxe Christentum Staatsreligion und Griechisch Staatssprache. Als die Kreuzritter Zypern 1191 eroberten, wurde das orthodoxe Christentum zu einer Konfession zweiter Klasse degradiert, fremde Sprachen wurden am Hof gesprochen. Der Kontakt der Bevölkerung zu Byzanz jedoch brach nie völlig ab. Sie bewahrte ihre eigene Identität und blieb in Kultur, Sprache und Religion weitgehend den byzantinischen Traditionen verbunden. Auch in der Kunst nahm sie nur wenige westliche Einflüsse auf. Andererseits konnten sich auch die Eroberer der byzantinischen Kultur nicht ganz entziehen. Sie beauftragten orthodoxe Künstler mit der Ausschmückung ihrer Kirchen und unterstützten selbst orthodoxe Klöster, so daß es zu einer ge-

genseitigen geistigen Befruchtung kam, was die Beschäftigung mit der mittelalterlichen zypriotischen Sakralkunst besonders reizvoll macht.

Von der byzantinischen Zeit geprägte Traditionen gingen auch nach 1453 nicht unter. Vor allem in den Kirchen wurden sie bewahrt und sind dort bis heute noch einflußreich. So stehen auch moderne Kirchenmalereien und Kirchenbauten in dieser Tradition, die Gottesdienste werden noch immer nach den jahrtausendalten Riten abgehalten.

Fauna

In den Wäldern des Troodos lebt als einziges größeres Säugetier Zyperns das zypriotische Wildschaf, das Mufflon. Man wird es jedoch höchstens im Gehege von Stavros tis Psokas sehen. So sind die zahlreichen Flamingos, die im Winterhalbjahr in den Salzseen von Larnaka und Akrotiri stehen, die augenfälligsten Tiere der Insel. Im Gebirge sieht man gelegentlich noch Geier, Falken und Adler, an den geschützten Stränden westlich von Pafos legen im Sommer Meeresschildkröten ihre Eier ab.

Eidechsen sind häufig, Schlangen begegnet man selbst bei ausgedehnten Wanderungen nur selten.

Flora

Zypern ist eine der am dichtesten bewaldeten Inseln im Mittelmeer. Ein Fünftel seiner Fläche ist inzwischen wieder baumbestanden, nachdem die Wälder jahrtausendelang für den Schiffs- und Hausbau, für Holzkohle und häuslichen Herd gefällt wurden. In den küstennahen Regionen überwiegen Öl- und Johannisbrotbäume, an den Stränden stehen vor allem Tamarisken, an den Landstraßen Eukalyptusbäume. Zypressen und Akazien lockern das Bild auf. In den höheren Regionen gedeihen vor allem Aleppo-Kiefern, Steineichen, Pappeln, Nuß- und Obstbäume sowie im Westen des Troodos-Gebirges auch noch über 30 000 Zedern. Die Gipfelregionen sind von Wacholder und Schwarzkiefern bewachsen.

Die wichtigste Kulturpflanze der Insel ist der Wein. Getreide wächst vor allem in der Mesaoria, der Ebene zwischen den beiden Inselgebirgen. Zitrusfrüchte werden in großen Mengen an der Nordküste angebaut, Kartoffeln in der Region bei Agia Napa und Bananen in der Umgebung von Pafos.

Im Frühjahr ist Zypern ein einziges Blütenmeer. Besonders zahlreich und auffällig sind die Asphodelien und die Zistrosen, Hyazinthen und Narzissen, Cyclamen und Päonien, Klatschmohn, Oleander und Ginster sowie als Zierpflanzen Hibiskus und Bougainvillea.

Gotische Kirchen

Auf der östlichsten Insel des Mittelmeers erwartet niemand gotische Kirchen nach dem Vorbild Nordfrankreichs. Und doch sind in Nicosia und Famagusta zwei prächtige Beispiele für diese mittelalterliche Architekturform zu finden. Die Kreuzritter ließen sie im 13. Jh. als ihre Krönungskirchen erbauen. Die Türken setzten ihnen im späten 16. Jh. Minarette auf, ließen sie ansonsten aber weitgehend unverändert. So sind diese als Höhepunkte innerhalb der verschiedenen Bauwerke der Insel zu nennen, auf der Moscheen, byzantinische und gotische Kirchen ein harmonisches Nebeneinander bilden.

Green Line

Zypern ist seit 1974 eine geteilte Insel. Eine 217 km lange Demarkationslinie trennt den türkisch besetzten Norden vom freien Teil der Republik Zypern, in dem nahezu ausschließlich griechische Zyprioten leben. In der Altstadt von Nicosia kam es schon 1964 zur Teilung. Die Trennlinie wurde mit einem grünen Filzstift in einen Stadtplan eingezeichnet und trug fortan den Namen Green Line, der inzwischen auf die gesamte Demarkationslinie übertragen wurde.

Diese unnatürliche Grenze wird heute von Soldaten dreier Parteien bewacht. Im Norden stehen türkische und türkisch-zypriotische Einheiten, im Süden griechische und griechisch-zypriotische. Dazwischen liegt ein 10 Meter bis 7 Kilometer breiter Streifen, die sogenannte Pufferzone, in der Soldaten der UNFICYP genannten UN-Friedenstruppen patrouillieren, um ein direktes Aufeinandertreffen der verfeindeten Parteien zu verhindern und Probleme sofort auf niedrigster Ebene lösen zu können. Außerdem sichern diese Truppen die Bestellung der Felder in der Pufferzone durch Bauern beider Seiten.

Als Urlauber bemerkt man den Verlauf der Green Line außerhalb von Nicosia nur in Form von Wachttürmen und Flaggen. Eine Gefahr geht von ihr für Touristen nicht aus. In Nicosia selbst wird die Green Line durch eine einfache, niedrige Mauer markiert, die mit weiß-blau gestrichenen Ölfässern und Sandsäcken verstärkt ist. Teilweise wird sie sogar durch die mittelalterliche Stadtmauer gebildet.

Ikonen

Darstellungen von Heiligen und biblischen Ereignissen auf Tafelbildern nennt man in der orthodoxen Kirche Ikonen. Man findet sie in allen Gotteshäusern und in vielen Privatwohnungen, am Armaturenbrett von Linienbussen und in den Ruderhäusern der Fischerboote.

Ikonen sind etwas ganz anderes als die Bilder christlich-religiösen Inhalts in unseren Kirchen. Sie sind kein Schmuck, sondern bringen den Heiligen ins Haus, machen ihn gegenwärtig. Sie gelten als »Tore zum Himmel«.

Deswegen genießen sie besondere Verehrung, werden geküßt, mit Gold und Silber, Edelsteinen und kostbar bestickten Vorhängen beschenkt. Ikonen sind Konsulate des Himmels auf Erden. Sie werden behandelt, als wären sie der Heilige selbst.

Götzendienst ist das beileibe nicht. Die Verehrung gilt ja nicht dem Bild als Bild, sondern dem Dargestellten selbst, der durch das Bild anwesend ist. Die Ikone gilt als wesenseins mit dem Heiligen.

Um diesen Zustand zu erreichen, muß sich der Ikonenmaler ebenso wie der Schöpfer sakraler Wandmalereien streng nach uralten Regeln richten. Er hat nur wenig Freiheiten, seine Phanta-

Erzbischof und Staatspräsident: Makarios III. regierte Zypern 17 Jahre lang

sie und künstlerische Kreativität sind nicht gefragt. Das führt dazu, daß sich viele Ikonen gleichen, ganz egal, aus welchem Jahrhundert sie stammen.

Weil die Sakralmaler Zyperns in den Jahrhunderten der Fremdherrschaft auch westliche Bilder kennenlernten und zudem häufig Franken und Venezianer Auftraggeber für Ikonen waren, nach deren Geschmack sich der Maler zum Teil richten mußte, finden sich in der zypriotischen Malerei zwar auch einige Besonderheiten und Abweichungen von der formalen Strenge der byzantinischen Kunst, doch inhaltlich hielten sich auch die Maler Zyperns immer strikt an den byzantinischen Kanon.

Dieser hat sich während und vor allem nach dem Bilderstreit, dem Ikonoklasmos (726–843), herausgebildet. In jener Zeit kam es über die Frage, ob Ikonen überhaupt verehrt werden dürften, zu einem regelrechten Bürgerkrieg im Byzantinischen Reich. Die Ikonen-Fürsprecher siegten schließlich, nachdem viele Kunstwerke aus frühchristlicher Zeit für immer vernichtet worden waren. Fortan aber mußte es für jede Darstellung eine theologische Bedeutung und Rechtfertigung geben und damit Malvorschriften, die bis heute eingehalten werden. Auch die jetzt noch auf Zypern lebenden Ikonenmaler, deren Werkstätten zu besuchen sich lohnt, halten sich daran.

Makarios III.

Der Erzbischof, der die Insel in den ersten 17 Jahren ihrer Unabhängigkeit regierte, begegnet dem Urlauber noch immer auf vielen Fotos an den Wänden von Gaststätten und Hotels und in Form monumentaler Denkmäler. Er ist für die meisten Zyprioten noch immer der Übervater, an dessen Politik kaum Kritik geübt wird. Makarios wurde 1913 als Bauernsohn im Bergdorf Pano Panagia im Troodos geboren. Als Elfjährigen gab ihn sein gerade verwitweter Vater als Novizen ins Kykko-Kloster (Moni Panagias Kykkou), das ihm Schulausbildung und Theologiestudium ermöglichte. 1948 wurde er zum Bischof von Kition (Larnaka) gewählt, bereits zweieinhalb Jahre später dann zum Erzbischof der Insel.

Makarios hatte sich bereits früh für den Abzug der Briten von der Insel und den Anschluß Zyperns an Griechenland engagiert. Er wurde nun auch zum politischen Führer der griechischen Zyprioten und flankierte mit flammenden Reden den bewaffneten Kampf gegen den Kolonialherrn. So war es fast selbstverständlich, daß er 1960 auch zum ersten Präsidenten der neuen Republik gewählt wurde. Sein Amt als Kirchenfürst behielt er bei.

In den folgenden Jahren versuchte Makarios, den starken Einfluß zurückzudrängen, der den türkischen Zyprioten in Verwaltung, Politik und Polizei durch die Verfassung gewährt wurde. Er ließ militärische Maßnahmen gegen türkische Zyprioten zu und förderte so die Spannungen auf der Insel. Außenpolitisch machte sich Makarios für die Blockfreiheit Zyperns und eine Minderung der wirtschaftlichen Abhängigkeit von Großbritannien stark.

Als 1967 in Griechenland das Militär die Macht übernahm, rückte Makarios von seinem Streben nach Enosis, dem Anschluß der Insel an Griechenland, ab. Er verurteilte die Diktatur der Athener Obristen und machte diese sich damit zu Feinden. Im Jahre 1974 organisierten die Militärs einen Sturz. Nach der türkischen Invasion kehrte Makarios im Dezember 1974 nach Zypern zurück, wo er bis zu seinem Tod 1977 nur noch die Teilung verwalten konnte. Sein Grab auf einem Berg nahe dem Kykko-Kloster ist heute eine nationale Wallfahrtsstätte.

Religion

Nahezu alle griechischen Zyprioten bekennen sich zum griechisch-orthodoxen Christentum. Die zypriotische Kirche ist jedoch von der griechischen unabhängig und sehr viel betagter als jene: Zyperns Kirche ist die älteste Nationalkirche der Christenheit.

Ursprünglich war die frühchristliche Kirche in fünf Patriarchate untergliedert – Rom, Konstantinopel, Alexandrien, Antiochien und Jerusalem –, deren Patriarchen unabhängig von Staatsgrenzen oder gar Inselumrissen die Oberhäupter des Christentums bildeten. Die Zyprioten strebten aber schon früh nach Unabhängigkeit vom Patriarchen Antiochiens und beriefen sich darauf, daß ihre Insel mit Barnabas einen Apostel als ersten Bischof gehabt habe. So wurde den Zyprioten bereits 477 die Autokephalie, die Selbständigkeit, zugestanden – den Griechen hingegen erst 1850.

Dem Urlauber fallen sicherlich zuerst die orthodoxen Priester im Straßenbild auf. Sie tragen lange, dunkle Gewänder, einen üppigen Bart und eine Kopfbedeckung, unter der ein mehr oder minder langer Zopf hervorschaut. Man sieht sie auf dem Feld arbeiten und auf den Märkten ihre Produkte verkaufen oder mit ihrer Familie – orthodoxe Priester dürfen nämlich vor der Priesterweihe heiraten – spazierengehen.

Betritt man eine Kirche, bemerkt man große Unterschiede zu unseren Gotteshäusern. Sie sind teilweise prunkvoll ausgemalt und immer mit vielen Ikonen ausgestattet; von den Decken hängen prächtige Leuchter herab. Skulpturen und Beichtstühle fehlen, fest installierte Taufbecken sind selten.

Griechisch-orthodoxe Gottesdienste dauern häufig zwei oder drei Stunden. Meist sitzen oder stehen Männer und Frauen noch deutlich voneinander getrennt. Nur wenige Kirchenbesucher harren die ganze Zeit über in der Kirche aus. Es herrscht vielmehr ein ständiges Kommen und Gehen, man plaudert miteinander und begrüßt neu Eintretende. Predigten gibt es kaum; Hauptinhalt des Gottesdienstes ist der Wechselgesang der täglich unterschiedlichen Liturgie, die vom Priester und einigen Laien vorgetragen wird. Gesangbücher für die Gemeinde gibt es nicht.

Äußerliche Unterschiede zwischen orthodoxen und anderen Christen zeigen sich zum Beispiel auch in der Art der Bekreuzigung. Der orthodoxe Christ schlägt das Kreuz nur mit drei Fingern, nicht mit fünf. Ein wichtiges Ritual ist das Küssen der Ikonen.

Die orthodoxen Christen erkennen den Papst nicht als Oberhaupt der Christenheit an. Sie fühlen sich den Aposteln und den frühen Christen eng verbunden, weil sich ihre Glaubensgrundsätze seit dem 8. Jahrhundert kaum mehr verändert haben. Sie beklagen das Werk der evangelischen Reformatoren und die vom Papst immer wieder einmal neu verkündeten Dogmen als Menschenwerk und Abweichungen vom wahren Glauben. Für den ungebildeten orthodoxen Christen sind Protestanten und Katholiken ebensolche Heiden wie Moslems oder Hindus.

Unterschiede hinsichtlich der kirchlichen Dogmen gibt es viele. Zur Kirchenspaltung im Jahr 1054 kam es, weil die Orthodoxen glaubten (und glauben), daß der Heilige Geist nur von Gottvater ausgehe, während der Papst verkündete, er ginge vom Vater und vom Sohn zugleich aus. Für die Orthodoxen ist Maria nach ihrem Tode auch nicht leiblich gen Himmel gefahren, Christus trug nur ihre Seele davon. Darum wird am 15. August, einem der höchsten orthodoxen Feiertage, auch nicht Mariä Himmelfahrt gedacht, sondern Mariä Entschlafung.

Tempel

Tempelbauten, wie man sie von Griechenland und Unteritalien her kennt, wird man in Zypern vergeblich suchen. Im alten Zypern, das seine Blütezeit lange vor dem Bau der Athener Akropolis erlebte, wurden die Gottheiten in Heiligtümern verehrt, die denen des Vorderen Orients glichen. In römischer Zeit war die Insel dann eine recht unbedeutende Provinz, in der keine größeren Sakralbauten mehr entstanden. So ist der teilweise rekonstruierte Apollo-Tempel von Kourion auch der einzige Bau, der unseren gängigen Erwartungen an archäologische Stätten entspricht.

CAFE

Brandy Sour zur Begrüßung

Zyperns Nationalgetränk ist ein Relikt aus britischen Kolonialzeiten

Die Zyprioten essen gern und ausgiebig. Die Landesküche ist von vielfältigen fremden Einflüssen geprägt. Türkische, orientalische, italienische und britische Komponenten sorgen für Abwechslung und gute Würzung. Verwendet werden vor allem einheimische Erzeugnisse.

Neben dem Kochherd sind der Holzkohlengrill und der traditionelle Lehmbackofen weit verbreitet. Vom Grill kommen Fisch und beliebte Fleischgerichte wie:
Suvla – ein Fleischspieß aus nahezu faustgroßen Fleischstücken;
Scheftalia – gut gewürzte Würste aus Schweinehack in Lammbauchfell;
Brisola – Koteletts von Schwein oder Rind;
Paidakia – Lammkoteletts;
Hallumi – ein fester Schafskäse.
Aus dem Lehmbackofen, *furnos* oder *ofton* genannt, kommt vor allem *Kleftiko* – mit Kartoffeln im eigenen Saft gebackenes Lamm- oder Ziegenfleisch.

Auch ein schneller Snack am Straßenrand kann schmackhaft sein

Auch in biederen Kochtöpfen wissen zypriotische Köche vielerlei köstliche Spezialitäten zu zaubern:
Afelia – in Rotwein geschmortes, zuvor mariniertes Schweinefleisch;
Ravioles – große, mit Käse gefüllte Ravioli;
Stifado – ein Schweine- oder Rindsgulasch mit Gemüsezwiebeln in einer mit Zimt oder auch Kreuzkümmel gewürzten Sauce.

Zu einem zypriotischen Essen gehören immer auch Salate und saucenähnliche Vorspeisen wie:
Humus – eine dicke Paste aus Kichererbsen, Öl, Petersilie und Knoblauch;
Melindsanosalata – eine dicke Paste aus Auberginen, Mayonnaise oder Yoghurt, Öl und Knoblauch;
Tachini – eine dicke Sauce aus Sesam, Öl, Knoblauch und Zitronensaft;
Talaturi – eine dem griechischen *Tzaziki* ähnliche Sauce aus Yoghurt, Öl, Gurken und Knoblauch;
Taramosalata – eine dicke Creme aus Fischrogen und Kartoffelmus.

Spezialitäten der zypriotischen Küche sind schließlich auch zwei kalt servierte Fleischgerichte:
Chiromeri – gepökeltes Ziegenfleisch;
Lundsa – ein Art Kassler.

Vieles auf einen Schlag

Eine große Anzahl an zypriotischen Spezialitäten an einem einzigen Abend kennenzulernen fällt nicht schwer. Fast alle Restaurants preisen ihr *Mese* an (nicht »Metze« gesprochen, sondern »Mee-See«). Dieses besteht aus zwölf bis 20 verschiedenen Gerichten, auf kleinen Tellern serviert, von denen sich jeder nimmt, soviel er mag. Man hat die Wahl zwischen einem Fleisch- und einem Fisch-Mese.

Getränke

Zum guten Essen gibt es auf Zypern immer auch einen guten Wein. Noch bis vor wenigen Jahren war Wein der wichtigste Devisenbringer der Insel. Angebot und Auswahl sind groß. Die Weine erreichen jedoch nur Tafelweinqualität. Ist ein Jahrgang angegeben, bevorzuge man zwei Jahre alte Weine.

Sowohl unter den Weiß- als auch unter den Rosé- und Rotweinen hat man die Wahl zwischen trockenen, halbtrockenen und süßen Weinen. Empfehlenswerte trockene Weißweine sind Aphroditi und Palamino, gute trockene Rotweine Othello und Ermis, gute trockene Roséweine Rosella und Amorosa.

Bier wird auf Zypern ebenfalls gebraut. Erhältlich sind die Marken Keo und Carlsberg.

Alkoholfreie Getränke gibt es wie überall. Mineralwasser ohne Kohlensäure bestellt man als *Metalliko nero,* Mineralwasser mit Kohlensäure hingegen als *Soda.*

Als Aperitif aus heimischer Produktion stehen Sherry und Ouzo zur Wahl. Als Digestif empfehlen sich der bittere Orangenlikör *Filfar,* der Dessertwein *Commandaria* sowie der zypriotische Brandy, der von den Zyprioten freilich im Winterhalbjahr auch wie Wein oder Bier in größeren Mengen zum Essen getrunken wird. Als beste Marke gilt »Five Kings«.

Brandy Sour: Der erfrischende Longdrink, eine Hinterlassenschaft der Briten, die zum zypriotischen Nationalgetränk wurde, wird aus einem Viertel zypriotischem Brandy, einem Viertel Zitronen- oder Limonensirup und einem Spritzer Angostura gemixt und mit Soda aufgefüllt. Der angefeuchtete Glasrand wird in Zucker gedreht; zum Brandy Sour werden Nüsse oder rohe Karottenscheiben serviert. Am besten schmeckt er im Hotel Holiday Inn in Nicosia.

Essen im Hotel

Der Standard der zypriotischen Hotelrestaurants ist hoch. Beim Frühstück macht sich der britische Einfluß geltend. Würstchen und Eier oder Omeletts gehören in den besseren Hotels zum Frühstücksbüffet, in einfachen Häusern werden sie gegen Aufpreis serviert.

Mittags und abends werden häufig auch zypriotische Gerichte angeboten; in vielen Häusern findet abends ein- oder mehrmals wöchentlich ein Büffet statt, bei dem man dann wie bei einem Mese-Essen auch viele

Das Kafenion ist auf Zypern vor allem Kommunikationszentrum

zypriotische Spezialitäten kosten kann.

Auswärts essen

In den Städten und Touristenzentren ist die Auswahl an Restaurants sehr groß. Restaurants findet man aber auch an vielen Landstraßen sowie in den Bergdörfern. Außerhalb der Städte haben sich die Restaurants meistens auf Grillgerichte und *Kleftiko* aus dem Lehmbackofen spezialisiert.

Die Speisekarten sind fast immer zweisprachig (griechisch und englisch) abgefaßt. Die genannten Preise enthalten zehn Prozent Bedienungsgeld und drei Prozent Steuern. Zum Essen wird grundsätzlich Brot serviert, das auch dann in Rechnung gestellt wird, wenn man nichts davon nimmt.

Die meisten Restaurants sind mittags von etwa 12 bis 15 Uhr und abends von etwa 19 bis 23 Uhr geöffnet. Tischreservierungen sind nur für größere Gruppen üblich.

Kaffeehäuser und Konditoreien

Konditoreien gibt es nur in den Städten. Sie werden *Sacharoplastion* genannt und servieren Getränke aller Art (mit Ausnahme von Wein) sowie Süßspeisen und orientalische Kuchen wie:
Baklawa – einen Blätterteig, der mit einer Mandelmasse gefüllt und mit Sirup übergossen ist;
Galatobureko – einen mit einer Art Pudding gefüllten Blätterteig;
Skamali – einen mit Mandeln bestreuten Grießkuchen.

Überall in den Städten und auch in nahezu jedem Dorf findet man Kaffeehäuser, *Kafenion* genannt. An mit Filz belegten Tischen werden Karten, Dame und *Tavli* (Backgammon) gespielt. Serviert werden Ouzo und Brandy, alkoholfreie Getränke und Bier sowie Kaffee. Es gibt löslichen Kaffee, der immer als Nescafé bezeichnet wird und den man als Frappé auch kalt trinkt. Standardgetränk ist jedoch der Mokka, den man als *kipriako kafe* bestellt. Man gibt dabei an, wie man ihn wünscht:
sketto – ohne Zucker
metrio – mit etwas Zucker
warigliko – mit viel Zucker.

Mokka wird nie mit Milch getrunken, aber immer zusammen mit einem Glas kühlen Wassers serviert.

Lefkaritika und Lederwaren

Als Mitbringsel lohnen sich am ehesten Erzeugnisse der zypriotischen Volkskunst

Zypern ist kein Paradies für Shopper. Das Angebot an originellen Souvenirs hält sich in engen Grenzen. An erster Stelle stehen Erzeugnisse der Volkskunst.

Hohlsaumstickereien werden schon seit Jahrhunderten im Dorf Pano Lefkara-Kloster hergestellt. Sie zieren Tischdecken und Servietten, Blusen und Taschentücher. Diese echten Lefkaritika sind teuer; die in Pano Lefkara selbst inzwischen auch angebotene Billigware stammt aus Fernost.

Filigranarbeiten, für die das Silber von der Degussa geliefert wird, werden in Pano Lefkara-Kloster und anderswo gefertigt.

Kleine Webteppiche und bunte Stickereien werden vielerorts angeboten. Lederwaren findet man in den Städten. Töpferwaren stammen häufig aus dem Dorf Kornos. Schöne Körbe werden in Geroskipou und Liopetri hergestellt und besonders preisgünstig in den Markthallen der Städte verkauft. Holzstühle mit geflochtenen Sitzflächen kann man bei den Handwerkern im Bergdorf Fini in Auftrag geben.

Die echte Hohlsaumstickerei aus Pano Lefkara ist nicht billig

Ein Souvenir besonderer Art sind handgemalte Ikonen. Man kann sie bei den Ikonenmalern in den Klöstern Agios Georgios Alemannos und Agios Minas in Auftrag geben, muß bis zur Fertigstellung und Zusendung dann aber einige Monate warten.

Bei der Suche nach Mitbringseln sollte man die kulinarischen Spezialitäten der Insel nicht vergessen: Zyprischer Sherry, Ouzo oder Brandy, *Filfar* oder *Commandaria* sind bei uns kaum erhältlich und versetzen in Urlaubsstimmung. Mit Thymianhonig, eingelegten Früchten, dem Schafskäse *Hallumi* oder den Geleefrüchten ähnelnden *Lukumia* aus Geroskipou und Pano Lefkara-Kloster läßt es sich den Daheimgebliebenen anschaulich und unterhaltsam von den Urlaubserlebnissen erzählen.

Öffnungszeiten der Geschäfte und Märkte

Mo–Sa 8–13 Uhr, Mo, Di, Do, Fr 16–19 Uhr (Mai–Sept.) bzw. 14.30–17.30 (Okt.-April).

Karneval und Prozessionen

Der Festtagskalender auf Zypern wird von den Feiertagen der orthodoxen Kirche bestimmt

GESETZLICHE FEIERTAGE

1. Januar *Neujahrstag*
6. Januar *Epiphanias*
Rosenmontag
25. März *Griechischer Nationalfeiertag*
1. April *Zypriotischer Nationalfeiertag*
Karfreitag
Ostersonntag und -montag
1. Mai *Tag der Arbeit*
15. August *Mariä Entschlafung*
1. Oktober *Unabhängigkeitstag*
28. Oktober *Griechischer Nationalfeiertag*
24. Dezember (nachmittags);
25./26. Dezember *Weihnachten*
31. Dezember (nachmittags).

An Feiertagen sind fast alle Geschäfte geschlossen, für Museen und archäologische Besichtigungsstätten gelten Sonderregelungen, die man jeweils vor Ort erfragen sollte, um nicht vor verschlossenen Türen zu stehen.

Zu vielen zypriotischen Festen gehörten einst die typischen Volkstänze, die man heute oft nur noch als Sonderdarbietungen für die Touristen erleben kann

BEWEGLICHE FESTE

Die beweglichen Festtage liegen nur in wenigen Jahren zeitgleich mit den unseren, da sich die orthodoxen Kirchenfeste nicht wie bei uns nach dem gregorianischen, sondern nach dem julianischen Kalender richten.

Karneval und Rosenmontag

★ In der letzten Woche vor Beginn der Fastenzeit prägen herrlich farbenprächtige Kostüme das Stadtbild von Limassol. Karnevalsumzüge bewegen sich durch die von Konfetti bedeckten Straßen, in vielen Tavernen und Hotels wird begeistert gefeiert und getanzt. Am Rosenmontag zieht die Stadtbevölkerung zum Picknick aufs Land, statt Fleisch werden Fisch, *Halva* und ein rundes Brot namens *Kuluri* gegessen.
Rosenmontag 1997 am 10. März; 1998 am 2. März

Ostern

★ In der Karwoche finden in den Kirchen allabendlich Gottesdienste statt. Am Abend des Karfreitags wird das symbolische

MARCO POLO TIPS FÜR FESTE UND FESTIVALS

1 **Karneval**
Maskeraden, Umzüge und Parties in Limassol (Seite 27)

2 **Ostern**
Das Fest des Jahres (Seite 27)

3 **Kataklismos**
Jahrmarkt und Kultur in Larnaka (Seite 28)

4 **Mariä Entschlafung**
Ganz Zypern wird zum Picknickplatz (Seite 29)

5 **Kultur-Festival in Nicosia**
Theater, Musik, Folklore und vieles mehr (Seite 29)

6 **Weinfest in Limassol**
Trinken und Feiern für wenig Geld (Seite 29)

Grab Christi in einer Prozession durch die Straßen getragen, danach wird in vielen Kirchen die ganze Nacht über Grabeswache gehalten. Am späten Abend des Ostersamstags beginnt der Auferstehungsgottesdienst. Pünktlich um Mitternacht erschallt der Ruf »Christós anésti – Christus ist auferstanden«, Tausende von Kerzen werden entzündet, Feuerwerkskörper und Silvesterraketen gehen los. Anschließend wird in vielen Restaurants die Ostersuppe *Margaritsa* serviert. Am Ostersonntag werden überall auf der Insel Lämmer und Zicklein gegrillt und in fröhlicher Gesellschaft verspeist.
Ostersonntag 1997 am 27. April; 1998 am 19. April; 1999 am 11. April

Kataklismos

★ In allen Küstenorten Zyperns wird am Pfingstmontag zum Gedenken an die Errettung Noahs aus der Sintflut das Fest des Kataklismos gefeiert. Besonders begangen wird es in Larnaka, wo entlang der Uferpromenade vom Wochenende vor Pfingsten bis zum Dienstag danach ein Jahrmarkt stattfindet, bei dem in Wettbewerben auch Laientänzer und -musiker, Amateurdichter und andere Künstler auftreten. Am Pfingstwochenende werden außerdem zahlreiche Wettbewerbe für Segler, Surfer und Wasserskifahrer veranstaltet.
Pfingstmontag/Kataklismos 1997 am 16. Juni; 1998 am 8. Juni; 1999 am 31. Mai

ANDERE FESTE UND FESTIVALS

Über Veranstaltungsorte und -termine für die folgenden und andere Feste und Festivals informieren aktuell und zuverlässig die Büros der Fremdenverkehrszentrale Zypern in Agia Napa, Larnaka, Limassol, Nicosia und Pafos.

Januar

24. Januar: *Kirchweihfest* am Kloster Agios Neofytos

Februar

2. Februar: *Kirchweihfest am Kloster Chrysorrogiatissa*

Juni
Mitte Juni: *Shakespeare-Nächte* im antiken Amphitheater von Kourion
29. Juni: Am Festtag Peter und Paul wird in Kato Pafos ein großer *Gottesdienst* gefeiert, an dem außer unzähligen Gläubigen der Erzbischof und alle Bischöfe Zyperns teilnehmen

Juli
Erste Julitage: *Internationales Kulturfestival* mit Konzerten und Ausstellungen in Limassol.

August
Erste Augustwoche: *Folklorefestival* in Paralimni
★ 15. August: Der Tag *Mariä Entschlafung* wird überall auf Zypern mit Ausflügen mit Verwandten und Freunden an die Strände oder in die Berge begangen, wo dann zentnerweise Fleisch im Freien gegrillt und den ganzen Tag über fröhlich gefeiert wird. Zahlreiche Klöster und Kirchen begehen ihr *Kirchweihfest*, so die Klöster Chrysorrogiatissa, Kykko, Machairas und Troditissas.

September
Folklorefestival in Agia Napa
★ Erstes bis zweites Wochenende im September: *Weinfestival* im Stadtpark von Limassol. Nach Zahlung einer geringen Eintrittsgebühr kann man von den Weinen der zypriotischen Kellereien soviel trinken, wie man mag, und dazu Musik hören und Folklore sehen.
8. September: *Kirchweihfeste* im Kykko-Kloster, an der Kirche von Asinou und in Lagoudera.
★ Mitte September: *Kulturfestival* in Nicosia mit Gastspielen internationaler Orchester und Theatergruppen, Ausstellungen, Folklore und Schattenspieltheater.
13./14. September: *Kirchweihfeste* in Omohos, Pano Lefkara-Kloster und am Kloster Stavrovouni.

Oktober
4. Oktober: *Kirchweihfest* in Kalopanagiotis

Kloster Stavrovouni: Mitte September wird hier Kirchweih gefeiert

Windräder und Treibhäuser

Das Land zwischen Larnaka und Agia Napa wird von der Landwirtschaft geprägt

Zwischen dem Troodos-Gebirge, der Mesaoria-Ebene und dem Meer liegt Zyperns Hügelland. Die Landschaft wird von Ebenen und niedrigen, meist kahlen Tafelbergen geprägt, die man im Sommer und Herbst leicht als öde empfinden kann. Entlang der Küsten ziehen sich die ausgedehntesten Sandstrände der Republik. Die bedeutendste Stadt in dieser Region ist Larnaka, der Agia Napa als Urlaubszentrum den Rang streitig macht. Zwischen Agia Napa und dem im besetzten Teil gelegenen, aber kaum 20 km Luftlinie entfernten Famagusta entsteht inzwischen ein noch neueres Urlaubszentrum, das unter dem Namen Protaras-Paralimni vermarktet wird.

Agia Napa: Der Urlaubsort verdankt seine Beliebtheit vor allem den makellosen Stränden

Die Menschen in diesem Gebiet leben außer vom Tourismus, der eine wichtige Rolle spielt, vor allem von den Hafenanlagen und der Erdölraffinerie von Larnaka. Ein wichtiger Arbeitgeber ist ferner der Internationale Flughafen von Larnaka, der nach dem Krieg 1974 binnen 40 Tagen aus dem Erdboden gestampft wurde.

Ein devisenbringender Faktor sind auch die britischen Soldaten

Hotel- und Restaurantpreise

Hotels

Kategorie 1: 66–120 CYL
Kategorie 2: 31–65 CYL
Kategorie 3: 14–30 CYL
Die Preise gelten für zwei Personen im Doppelzimmer mit Frühstück (während der Hauptsaison).

Restaurants

Kategorie 1: über 9 CYL
Kategorie 2: 6–9 CYL
Kategorie 3: unter 6 CYL
Die Preise gelten für ein dreigängiges Menü (Kategorie 1) bzw. ein Mese-Essen (Kategorie 2 und 3) ohne Getränke.

mit ihren Familien auf dem Stützpunkt Dhekelia zwischen Larnaka und Agia Napa. Von den Bauern der Region werden zwischen Larnaka und Agia Napa große, ausgezeichnet schmekkende Kartoffeln angebaut, die auch in den Export kommen. Daneben werden Oliven, Getreide, Melonen, Gemüse und etwas Wein geerntet. Für die Bewässerung sorgen in der Gegend von Agia Napa zahlreiche Windräder, die Grundwasser auf die Felder pumpen; auch Treibhäuser sind entstanden, um mit Frühgemüsen, Schnittblumen und Tomaten gute Preise für diese gefragte Ware erzielen zu können.

AGIA NAPA

(E4) ★ Im äußersten Südosten der Insel ist nach 1974 aus einer Fischersiedlung, die kaum ein Dutzend einfacher Häuser umfaßte, einer der großen Ferienorte (2000 Ew.) der Insel entstanden. Agia Napa ist eine Stadt aus der Retorte, der man ihre Jugend auf Schritt und Tritt anmerkt. Aber den Planern ist es gelungen, bombastische, landschaftszerstörende Bauten zu vermeiden. Die Hotels passen sich in die Küstenszenerie der sandigen Buchten ein, entlang der Straßen stehen auch viele moderne, doch kleine Häuser.

Alt ist in Agia Napa nur das mittelalterliche Kloster, um das herum das neue Ortszentrum entstanden ist. Ein Bilderbuch-Idyll findet man nur am Fischerhafen, von dem aus der Blick auf den langen, sogar von niedrigen Dünen gesäumten Sandstrand vor den Hotels fällt. Weitere Buchten mit Sandstränden, glasklarem Wasser, Hotels und Tavernen schließen im Westen an Agia Napa an; Badegelegenheiten findet man außerdem noch weiter im Osten am Kap Greco (Akrotirio Greko).

Agia Napa bietet dem Urlauber, der baden und Wassersport betreiben, gut essen und abends tanzen möchte, was er braucht. Einen Nachteil freilich hat der Ort, der mittlerweile über 8000 Hotelbetten zählt: Er ist weiter als jeder andere von den Sehenswürdigkeiten der Insel entfernt.

MARCO POLO TIPS FÜR AGIA NAPA UND LARNAKA

1 **Agia Napa**
Zyperns schönste Strände
(Seite 32)

2 **Hala Sultan Tekkesi**
Orientalisches Flair am Salzsee (Seite 37)

3 **Kloster Agios Minas**
Besuch bei den Ikonen malenden Nonnen (Seite 37)

4 **Kloster Stavrovouni**
Eintritt nur für Männer
(Seite 39)

5 **Panagia Angeloktistos**
Ein Mosaik wie in Ravenna
(Seite 38)

6 **Choirokoitia**
Zyperns ältestes Dorf
(Seite 37)

BESICHTIGUNGEN

Agia Napa Marine Park
Delphinarium beim Hotel Nissi Beach. Shows mit Delphinen und Seelöwen. Tgl. 11–17 Uhr, Eintritt 2 CYL, mit Show 5 CYL

Kloster Agia Napa
Das um 1530 gegründete Kloster dient heute als Museum und vor allem als Ökumenisches Tagungszentrum. Der Zugang wird freizügig gehandhabt, so daß sogar Bikininixen im Innenhof geduldet werden, die dann freilich in herbem Kontrast zur Strenge des gotische Züge tragenden Baus stehen. Schön ist der Blick vom Arkadengang auf das überkuppelte Brunnenhaus und den massiven Torturm. Enttäuschend ist ein Besuch der Höhlenkirche, die noch immer dem orthodoxen Ritus geweiht ist.

Vor dem Südtor des Klosters wächst seit über 400 Jahren eine mächtige Sykomore. Auf dem modern gestalteten Dorfplatz unterhalb des Klosters steht die 1994 geweihte, vollständig mit Fresken ausgemalte Dorfkirche.

RESTAURANT

Vassos Fish Harbour
Große, einfache und alteingesessene Taverne direkt am Fischerhafen. *Tgl. 11–24 Uhr, Kategorie 3*

HOTELS

Grecian Bay
Großhotel mit 240 Zimmern, Süßwasserpool im Garten und Hallenschwimmbad, an einem weißen Sandstrand gelegen. Behindertenfreundlich. *Tel. 03/72 13 01, Fax 72 13 07, Kategorie 1*

Kermia Beach
Bungalowanlage 4 km östlich von Agia Napa mit kinderfreundlichem Strand. Kochgelegenheit in allen Bungalows. *Tel. 03/72 14 01, Fax 72 14 29, Kategorie 2*

SPORT UND STRÄNDE

Strände findet man nicht nur in Agia Napa selbst, sondern auch überall entlang der Küste im Westen, Osten und Norden der Ortschaft. Mit dem Fahrrad, Moped oder Mietwagen ist man schnell dort, einige Strände werden auch von Ausflugsbooten angesteuert. An allen größeren Stränden bestehen Möglichkeiten zum Surfen, Fallschirmgleiten, Wasserski- und Tretbootfahren. Außerdem gibt es zwei Tauchschulen.

AM ABEND

Gefragt sind in Agia Napa vor allem Diskotheken, von denen es eine große Zahl gibt. Welche gerade »in« ist, wissen die Kellner in den Hotels und Restaurants am besten.

AUSKUNFT

Cyprus Tourism Organization
Tel. 03/72 17 96, Krio Nero Avenue 12 (in Klosternähe)

ZIELE IN DER UMGEBUNG

Derinia (Deryneia) **(E 4)**
Vom kleinen Krankenhaus dieses Dorfes aus hat man einen guten Blick auf Famagusta. Im Vordergrund steht die jetzt menschenleere Hotelstadt Varosha, in der vor 1974 rund 16 000 Fremdenbetten standen, die Varosha

zum Touristenzentrum der Insel machten.

Kap Greco (Akrotirio Greko) (E 4)
Die Südostspitze der Insel kann wegen militärischer Anlagen auf dem Kap zwar nicht betreten werden, doch ist der Fahrtweg dorthin schön. Es gibt mehrere Möglichkeiten zu Abstechern an Felsbuchten und Sandstrände. *8 km von Agia Napa*

Liopetri (E 4)
Im Sommer und Herbst kann man hier vielen Korbflechtern bei der Arbeit zuschauen. *14 km von Agia Napa*

Paralimni (E 4)
Das große Dorf mit seinen Kaffeehäusern und Tavernen ist einen Ausflug wert. Auf dem großen Dorfplatz stehen drei Kirchen, ein Aussichtsturm und eine Freilichtbühne. *5 km von Agia Napa*

Potamos tou Liopetriou (E 4)
In der Mündung eines kleinen Flusses haben Fischerboote festgemacht, am Ufer bieten Tavernen ständig frischen Fisch an. *12 km von Agia Napa*

LARNAKA

(D 4) Im Gegensatz zum eine knappe Busstunde entfernten Agia Napa ist Larnaka eine lebhafte, gewachsene Stadt (44 000 Ew.), in der die Einheimischen das Straßenbild stärker prägen als die Urlauber. Ein breiter Sandstrand liegt direkt vor der Uferpromenade im Stadtzentrum. Hier sitzt man unter Palmen in unzähligen Straßencafés und genießt die erwartete südländische Atmosphäre. Dahinter erstreckt sich die Altstadt mit der schmalen, verkehrsreichen Haupteinkaufsstraße und der Markthalle. Darum wiederum legt sich ein Gürtel von zumeist in den letzten 20 Jahren entstandenen Wohn- und Geschäftshäusern. Im Westen des Fischerhafens und im Osten des Erdölhafens beginnen weitere, kilometerlange Sandstrände, die ebenfalls von Hotels gesäumt sind. Das Hinterland der Stadt ist flach; nur bei guter Sicht kann man in der Ferne den markanten Bergkegel des Stavrovouni und die ersten Gipfel des Troodos sehen.

Wenig zu sehen ist auch nur noch von der antiken Stadt Kiti, die von der frühen Bronzezeit bis in frühchristliche Zeit an der Stelle des heutigen Larnaka stand. Im Mittelalter war die Stadt hauptsächlich wegen ihres Salzsees und ihres Hafens von Bedeutung; in türkischer Zeit war sie der Standort der ausländischen Konsulate auf Zypern. 1970 hatte Larnaka erst zwei Hotels mit insgesamt 60 Betten. Die türkische Invasion und der damit verbundene Verlust des alten Urlauberzentrums Famagusta-Varosha haben Larnaka dann den Aufschwung beschert.

BESICHTIGUNGEN

Alt-Kiti
Die oft unter Wasser stehende Ausgrabungsstelle im Nordosten der Stadt läßt eine Stadtmauer, die Grundmauern von Tempeln und Kupferwerkstätten erkennen. *Mo–Fr 7.30–14.30 Uhr, außer im Juli und August auch Do 15 bis 18 Uhr, Eintritt 75 c, Makheras Street*

Fort

Die Festung am westlichen Ende der Uferpromenade entstand 1625 über ursprünglich venezianischen Burgmauern. Im »fotogenen« Innenhof sind alte Steinanker, Kanonen und Kanonenkugeln zu sehen, außerdem werden einige Funde aus Ausgrabungen in der Nähe ausgestellt. *Mo–Fr 7.30–17 Uhr (Do bis 18 Uhr); Eintritt 75 c, Ankara Street (Uferpromenade)*

Lazaros-Kirche

Der mittelalterliche Name der Stadt Larnaka leitet sich vom griechischen Wort für Sarkophag, dem Wort Larnax, ab. Sarkophage hat man in Larnaka in großer Zahl gefunden. Einer davon, im 9. Jh. entdeckt, trug die Aufschrift »Lazarus, der Freund Christi«. Für die Menschen jener Zeit stand fest, daß das die letzte Ruhestatt jenes Mannes sein mußte, den Christus einst von den Toten erweckt hatte.

So wurde dem Lazaros, der nun als erster Bischof von Kiti galt, eine große Kirche erbaut.

Die Krypta, in der Lazaros beigesetzt war, ist unter dem Altarraum noch heute zu sehen. Bemerkenswert sind die Schnitzarbeiten an der Ikonostase. Das kleine Kirchenmuseum in der Nordwestecke des Kirchhofs zeigt einige sehr schöne Ikonen und verschiedenes liturgisches Gerät. *Tgl. 8–12.30 und 15.30 bis 18.30 Uhr (Sept.–März 14.30–17 Uhr); Eintritt Museum 20 c, Ayios Lazaros Street*

Türkenviertel

Das ehemalige Türkenviertel der Stadt liegt unmittelbar westlich des Forts, wo auch die bedeutendste Moschee der Stadt steht, die heute von Arabern genutzt wird. Ein kurzer Rundgang durch das Viertel mit seinen alten, niedrigen Häusern läßt ein wenig Atmosphäre vom alten Zypern erahnen, Straßenschilder mit türkischen Aufschriften stimmen nostalgisch.

MUSEEN

Archäologisches Bezirksmuseum

Ausgestellt sind Funde aus Larnaka und Choirokoitia sowie aus den nahen Dörfern Pyla und Arsos, wo es in der Antike ein Aphrodite-Heiligtum gab. *Mo–Fr 7.30–14.30 Uhr; Do (außer im Juli und August) auch 15–18 Uhr; Eintritt 75 c, Kalogreon Square*

Naturgeschichtliches Museum

Zyperns einziges naturkundliches Museum befindet sich seit 1993 im Stadtpark von Larnaka. In der winzigen Ausstellung sind u. a. ausgestopfte Vögel und Reptilien Zyperns sowie Fossilien zu sehen. *Di–So 10–13 und 15–17 Uhr.*

Pierides-Sammlung

Die bemerkenswerte Privatsammlung wird in einer schönen Privatvilla aus dem letzten Jahrhundert im Stadtzentrum gezeigt. Zu sehen ist vor allem ganz hervorragende Keramik von der Kammstrichware der Jungsteinzeit bis hin zu mittelalterlichen Tellern, Krügen und Bechern. Besonders faszinierend sind die zahlreichen Gefäße im zweifarbigen Freifeldstil aus dem 7. Jh. v. Chr. Eines zeigt einen phönizischen Krieger, der in der Linken einen Speer und in der Rechten eine Hammeraxt trägt, während an seinem Gürtel noch ein Schwert hängt. Ein anderes zeigt eine menschenähnliche Figur auf einem Stuhl, ein weiteres ist mit einem stilisierten Baum bemalt, auf den von beiden Seiten ein Vogel zufliegt.

Ein schönes Beispiel für das Tafelgeschirr der Kreuzritterzeit ist eine Schale aus dem 14. Jh., die in Braun- und Grüntönen ein eng aneinandergeschmiegtes Liebespaar in Sgraffito-Technik zeigt. Sie wird des Motivs wegen als Hochzeitsschale bezeichnet. *Mo – Fr 9–13 und 15–18 Uhr, Sa 9–13, So 10–13 Uhr; Eintritt 50 c, Zenon Kitieus Street 4*

RESTAURANTS

To Dichoro
Familiär geführte Taverne in einem ansprechend restaurierten Teil der Altstadt. *Tgl. 11–24 Uhr, Watkins Street 8, Kategorie 3*

Zephyros Beach Tavern
Taverne am Fischerhafen mit vielen Spezialitäten wie Täubchen, Kaninchen und Schnekken. *Tgl. 12–16 und 18–24 Uhr, Psarolimano, Kategorie 1*

EINKAUFEN

Markthalle
Buntes Treiben zwischen Obst-, Gemüse-, Fleisch- und Fischständen – ein Vergnügen zum Miterleben. *Hermes Street*

Staatliches Kunsthandwerkszentrum
Kleines Geschäft, das einen ersten Überblick über die wirklich einheimischen Kunsthandwerkserzeugnisse gibt. *Kosma Lyssiotis Street 6*

HOTELS

Atrium Zenon Hotel Apartments
Modernes Apartmenthotel im Stadtzentrum. 77 Apts., *Zenonos Pierides/Ecke Kitieos Street, Tel. 04/ 62 01 00, Fax 62 01 05, Kategorie 2*

Four Lanterns Sunotel
Das ältestes Hotel der Stadt stammt aus Kolonialzeiten und wurde kürzlich renoviert. Direkt an der Uferpromenade gelegen. 56 Zi., *Athens Street 19, Tel. 04/ 65 20 11, Fax 62 60 12, Kategorie 2*

Pavion
Einfache Pension im Zentrum der Altstadt. 10 Zi., *St. Lazarus Square 11, Tel. 04/65 66 88, Fax 65 81 65, Kategorie 3*

SPORT UND STRÄNDE

Wer nicht am feinsandigen, aber oft vollem Stadtstrand baden möchte, kann vom Busbahnhof der Firma Makris am Demokratias Square halbstündlich zu den langen, aber schmaleren Sandstränden westlich und östlich der Stadt fahren. Dort bestehen vor den Hotels auch Wassersportmöglichkeiten aller Art.

AM ABEND

Art Café 1900
Stimmungsvolles Künstlercafé nahe der Pierides-Sammlung, gelegentlich Live-Musik. *Mi–Mo ab 18 Uhr, Stasinou Street 6*

Black Turtle Tavern
Taverne im ersten Stock eines alten Hauses nahe der Lazaros-Kirche mit Live-Musik ab 21.30 Uhr. *Geöffnet tgl. ab 20 Uhr, Mehgmet Ali Street 11, Kategorie 2*

AUSKUNFT

Cyprus Tourism Organization
– Larnaka Airport, Tel. 04/64 30 00
– Vasileos Pavlu Square, Tel. 04/65 43 22

ZIELE IN DER UMGEBUNG

Agios Minas-Kloster (C 4)

★ Das Nonnenkloster in einem ringsum von Hügeln umschlossenen Hochtal hat festungsartigen Charakter. In der Klosterkirche aus dem 18. Jh. hängen überwiegend neue Ikonen, die von den Nonnen hier selbst gemalt wurden. In einem Raum im ersten Stock des Zellentrakts kann man einer Schwester beim Ikonenmalen zusehen. Sie nimmt auch Aufträge an, deren Erledigung Monate dauert. *Tgl. 8 bis 12 und 15–19 Uhr, Frauen müssen Röcke tragen, Eintritt frei, 45 km von Larnaka*

Hala Sultan Tekkesi (D 4)

★ Am Salzsee von Larnaka steht zwischen hohen Dattelpalmen und Zypressen das einst wichtigste islamische Heiligtum und heute beliebteste Fotomotiv der Insel.

Als die Araber im Jahre 647 Zypern erstmals überfielen, war auch eine edle Frau dabei, die den Propheten Mohammed gut gekannt hatte. An der Stelle, an der heute die Moschee steht, stürzte sie vom Maultier und starb. Ihr Grab wurde später zu einer Wallfahrtsstätte, an die sich die Moslems noch erinnerten, als die Türken 1571 die Insel eroberten. Aber erst 1816 ließ der türkische Statthalter auf Zypern hier diese Moschee erbauen, der dann in späterer Zeit auch noch einige Pilgerunterkünfte angeschlossen wurden.

Die Moschee ist sehr schlicht. Vom Betsaal aus, der nicht mit Schuhen betreten werden darf, geht man in einen Anbau, wo im Halbdunkel die Grabstätte der verehrten Frau zu finden ist. *Tgl. 7.30–19.30 Uhr (Okt. bis Mai nur bis 17 Uhr), 7 km von Larnaka*

Choirokoitia (Khirokitia) (C 4–5)

★ Die besterhaltene von rund 50 für die Jungsteinzeit nachweisbaren Siedlungen auf Zypern versetzt einen sehr in Erstaunen. Daß hier Menschen vor 8000 Jahren schon in einem richtigen Dorf aus steinernen Häusern lebten, ist für Mitteleuropäer eine Überraschung, denn Vergleichbares ist in West-Europa nicht zu finden.

Das Dorf war durch eine Art Stadtmauer gegen Feinde geschützt, von der Reste auf der dem hügelan führenden Pfad gegenüberliegenden Seite noch gut zu erkennen sind.

Die Rundhütten standen eng aneinander. Die vielleicht 1000 Bewohner des Dorfes scheinen eine familienähnliche Gemeinschaft gebildet zu haben. Die Hütten waren unterschiedlich groß; die größte hatte einen Durchmesser von fast zehn Metern. Die Mauern waren bis zu drei Meter dick. In einigen der größeren Hütten weisen steinerne Pfeiler auf ein hölzernes Zwischengeschoß hin.

Zum Bau der Häuser wurden nicht nur unbehauene Steine, sondern auch Stampferde und ungebrannte Lehmziegel benutzt. Wie man an zwei Hütten im oberen Teil der immer noch fortgeführten Grabungen sehen kann, waren die Dächer der Hütten konisch gewölbt.

In mehreren Hütten haben die Archäologen unter dem Fußboden Skelette gefunden, auf denen jeweils ein schwerer Stein lag. Offenbar fürchteten die Lebenden eine Rückkehr der Toten. Außerdem fand man Knochen und Speisereste, die verraten, wovon sich die Menschen vor 8000 Jahren ernährten. Sie aßen das Fleisch von Schweinen, Schafen, Ziegen und Damwild, Muscheln, Fische und Krebse, Pistazien, Feigen, Oliven, Gerste, Weizen, Linsen und Erbsen. *Tgl. 7.30–17 Uhr, Sa und So 9–17 Uhr); Eintritt 75 c, 31 km von Larnaka*

Kiti **(D 4)**

Im Zentrum dieses kleinen Dorfes steht auf einem schön gemauerten Platz mit mächtigen Terebinth-Bäumen die ★ Kirche Panagia Angeloktistos, die von »den Engeln erbaute Allheiligen-Kirche«. Der Bau, zusammengesetzt aus einer gotischen Kapelle aus Kreuzritterzeiten und einer byzantinischen Kirche, entstand an der Stelle einer frühchristlichen Basilika. Diese war in der Apsiswölbung mit einem Mosaik von Weltrang geschmückt gewesen, das man in den Kirchenneubau des 10. Jhs. mit einbezog.

Das Mosaik zeigt in prächtigen Farben die auf einem mit Edelsteinen besetzten Podest stehende Maria mit dem Christuskind auf dem linken Arm. Von links und rechts schreitet je ein Erzengel heran. Beide bringen dem Kind eine von einem Kreuz bekrönte Kugel dar, die freilich nicht – wie oft behauptet – eine Weltkugel sein kann, da man in jener Zeit die Erde ja noch für eine Scheibe hielt. Die Kugel soll wohl die Vollkommenheit symbolisieren. Die Engel tragen ein fein schwingendes Gewand; ihre Flügel sind aus farbenprächtigen Pfauenfedern gebildet. Eingerahmt wird die Darstellung von einem Band aus stilisierten Blättern und Blüten, Enten, Hirschen und Papageien, Vasen und einem Kreuz in der Mitte. *Tgl. 8–16 Uhr, Eintritt frei, 12 km von Larnaka*

Pano Lefkara **(C 4)**

Das große Dorf in den Ausläufern des Troodos ist die Heimat der als *Lefkaritika* bekannten Hohlsaumstickereien. Diese werden ebenso wie Silberschmuck in zahlreichen Geschäften im Ort verkauft. Man sollte seine Aufmerksamkeit aber nicht nur auf die Souvenirs konzentrieren, sondern auch einen Spaziergang durch die stillen Gassen unternehmen, in denen Lefkara ursprünglicher geblieben ist als die meisten anderen Dörfer der Insel. *38 km von Larnaka*

Pyrga **(D 4)**

Neben der modernen Dorfkirche steht eine mittelalterliche Kapelle aus dem frühen 15. Jh. Ihre Wandmalereien gehören stilistisch deutlich der byzantinischen Tradition an, wurden jedoch offenbar für römisch-katholische Auftraggeber gefertigt. So erfolgt die Beschriftung in lateinischen Buchstaben, sind auf einigen Szenen auch römisch-katholische Bischöfe zu sehen. Den Schlüssel zu dieser soge-

Stavrovouni ist das älteste Kloster Zyperns

nannten *Königlichen Kapelle* erhält man im Kafenion gegenüber. *21 km von Larnaka*

Salzsee **(D 4)**

Der Salzsee von Larnaka, in dessen flachem Wasser im Winter viele Flamingos stehen, ist im Sommer trocken. Mit den Winterregen füllt sich der See dann wieder. *Am Stadtrand von Larnaka*

Stavrovouni **(D 4)**

★ Achtung: Frauen haben zu diesem Kloster keinen Zutritt!

Zyperns ältestes Kloster steht auf einem markanten Bergkegel, der 768 Meter hoch aus der Küstenebene im Hinterland von Larnaka aufragt. Bis fast auf den Gipfel hinauf führt eine serpentinenreiche Asphaltstraße, die grandiose Ausblicke über die Ebene auf die Berge und das Meer eröffnet.

Die heutigen Gebäude stammen aus dem 17./18. Jh. Ein Splitter des Kreuzes Christi soll in ein silberbeschlagenes Kreuz eingearbeitet sein, das außen rechts an der Ikonostase hängt.

Zum Kloster Stavrovouni gehört auch das Kloster Agia Varvara am Fuß des Berges unmittelbar an der Asphaltstraße. Es dient den Mönchen als Wirtschaftshof, in dem sie auch hervorragenden Honig produzieren. Dem Kloster gegenüber befindet sich die Werkstatt des Ikonen malenden Mönches Kallinikos. *Kloster Agia Varvara tagsüber frei zugänglich; Kloster Stavrovouni nur für Männer und nicht donnerstags und samstags. 34 km von Larnaka*

Ein idealer Standort für Tagesausflüge

Von Limassol aus lassen sich viele der wichtigsten Sehenswürdigkeiten Zyperns bequem erreichen

Limassol (griechisch: Lemesos) liegt ziemlich genau im Zentrum der zypriotischen Südküste. Hinter dem Küstenstreifen steigen die Berge des Troodos auf, der Olympos als höchster Inselberg ist bei klarem Wetter aus gut zu sehen. Bei Limassol ist das Ufer flach, westlich und östlich davon überwiegen Fels- und Steilküste, von hier schiebt sich die Halbinsel Akrotiri weit ins Meer hinaus, die zum größten Teil noch in britischem Besitz ist und einen Militärflughafen trägt. An ihrem Ansatz liegt der zweite große Salzsee Zyperns.

Der Küstenstreifen um Limassol ist fruchtbar, bringt Wein und zahlreiche Obstsorten hervor. In mehreren kleinen Fabriken in und bei Limassol werden Fruchtsäfte und Obstkonserven hergestellt.

LIMASSOL

(C5) Limassol (Lemesos), die zweitgrößte Stadt der Insel (137 000 Ew.), ist eine moderne Großstadt, die sich immer weiter ausbreitet. Die Altstadt ist anders als in Nicosia nur noch von untergeordneter Bedeutung und verliert auch als Einkaufszentrum an Gewicht. Limassol wirkt hektischer und viel geschäftiger als Nicosia oder Larnaka; der Stadt fehlt das Urlaubsflair, das Larnaka durch seine Uferpromenade und den Strand direkt im Zentrum auszeichnet. An historischen Bauten ist Limassol arm, denn anders als Larnaka oder Pafos wurde die Stadt erst im Mittelalter gegründet. Erdbeben in den Jahren 1567 und 1584 sorgten dafür, daß aus jener Zeit so gut wie nichts erhalten blieb.

Limassol ist der Standort der meisten zypriotischen Weinkellereien. Hier wird Bier gebraut, Ouzo destilliert, Brandy gebrannt und Likör hergestellt. Der Hafen von Limassol ist der wichtigste der Insel, auf Reede liegende Schiffe sind ein normaler Anblick für den Urlauber. Der Tourismus konzentriert sich auf die Küste unmittelbar östlich der Stadt, wo es allerdings leider kaum Strände gibt. Ersatz schaf-

In der fruchtbaren Landschaft um Kolossi wird auch Wein angebaut

fen ausgedehnte Hotelgärten mit Pools. Sehr bedeutsam für die zypriotische Wirtschaft sind schließlich auch die vielen Niederlassungen zahlreicher internationaler Firmen und Banken, die seit dem Bürgerkriegsbeginn im Libanon ihre Zentralen für den Nahen Osten nach Zypern verlegt haben.

Die zentrale Lage macht Limassol zu einem idealen Standort für Urlauber, die vor allem viele Tagesausflüge unternehmen möchten. Wer hauptsächlich im Meer baden will, ist hingegen in Larnaka und Agia Napa besser aufgehoben.

BESICHTIGUNGEN

Stadtpark und Zoo

Im Stadtpark hat man einen kleinen Zoo angelegt, der eigentlich einen Fall für Tierschutzvereine darstellt. Naturfreunde sollten ihn dennoch besuchen, da hier die beste Möglichkeit besteht, das zypriotische Wildschaf, das Mufflon, zu sehen. *An der Uferstraße*

Weinkellereien

★ Die vier großen Weinkellereien von Limassol, KEO, SODAP, ETKO und LOEL sowie die Keo-Brauerei können vormittags besichtigt werden. Nach den Terminen erkundigt man sich im Hotel oder bei der Tourist-Information. *Alle Kellereien liegen an der Straße vom Stadtzentrum zum Hafen*

MUSEEN

Archäologisches Bezirksmuseum

In diesem kleinen, nur für an der Archäologie Interessierte besuchenswerten Museum werden zweitrangige Funde aus dem Gebiet um Limassol gezeigt. *Mo–Fr 7.30–17 Uhr, Sa 9–17 Uhr, So 10 bis 13 Uhr; Eintritt 75 c, Cannings/Ecke Byron Street*

Folklore-Museum

In sechs Räumen eines 1924 erbauten Hauses sind Gerätschaften, Trachten, Möbel und kunsthandwerkliche Erzeugnisse aus den letzten Jahrhunderten und der ersten Hälfte dieses Jahrhunderts zu sehen. *Mo–Fr 8.30–13.30 Uhr; Mo, Di, Mi, Fr auch 15 bis 17.30 Uhr (Juni–Sept. 16–18.30 Uhr); Eintritt 30 c, Agios Andreas Street 253*

Museum des zypriotischen Mittelalters

In der Burg aus dem 14. Jh. sind neben Grabplatten, Rüstungen und Waffen auch Fotos mittelalterlicher Bauten Zyperns ausgestellt. Vom Dach der Burg aus hat man einen guten Blick über Limassol. *Mo–Fr 7.30–17 Uhr, Sa 9–17 Uhr; Eintritt 75 c, Irinis Street*

RESTAURANTS

Archipelagos

In der urigsten Taverne Zyperns, die 1920 gegründet wurde, serviert der Wirt preiswert frischen Fisch, Kleftiko und Gegrilltes. Östlich der Ausgrabungen der Basilika von Amathus an der Küstenstraße, *Kategorie 3*

Eden

Unscheinbar-modernes Restaurant mit exzellenter Küche. *28 October Street 279* (Uferstraße westlich vom Stadtpark, am Hotel Eden), *Kategorie 3*

MARCO POLO TIPS FÜR LIMASSOL

1 **Markthallen**
Zyperns Köstlichkeiten zu verkaufen (Seite 43)

2 **Keo-Kellereien**
Wein- und Bierprobe zugleich (Seite 42)

3 **Kourion**
Amphitheater mit Meerblick (Seite 45)

4 **Fasouri**
Zypressenallee durch Plantagen (Seite 46)

5 **Kolossi**
Eine Burg, die vom Zucker lebte (Seite 46)

6 **Bunch of Grapes Inn**
Zyperns stimmungsvollstes Hotel (Seite 47)

Fiesta
Exzellentes Steakrestaurant, in dem aber auch Mese serviert wird. Die Terrasse bietet einen schönen Blick auf das Meer. Potamos Germasogias, George A' Avenue (500 m östlich vom Hotel Amathus Beach gelegen), *Kategorie 2*

Ladas Old Harbour
Seit vielen Jahren renommierte Fischtaverne am alten Hafen am westlichen Ende der Uferstraße. *Mo–Sa ab 12 Uhr, Agias Theklis Street, Kategorie 2*

EINKAUFEN

Markthallen
★ Die größten und interessantesten der Insel. Hier werden neben Fisch und Fleisch, Obst und Gemüse auch Korbwaren und lebendiges Kleinvieh sowie zahlreiche zypriotische Spezialitäten angeboten. *Zwischen Kanaris und Athens Street*

Staatliches Kunsthandwerkszentrum
Das Kunstgewerbe der Insel im Überblick. *Themidos Street 25*

HOTELS

Aquamarina
Modernes Hotel an der Uferstraße am Rande der Altstadt. 70 Zi., *Spiridon Araouzos Street 139, Tel. 05/37 42 77, Fax 37 40 86, Kategorie 2*

Hawai Beach
Luxushotel mit 255 Zimmern, Pool und Strand. Behindertenfreundlich. *Old Lefkosia-Lemesos Road, Amathus Area, Tel. 05/31 13 33, Fax 31 18 88, Kategorie 1*

Luxor
Sehr einfache Pension an der Haupteinkaufsstraße der Altstadt. 15 Zi., *Agios Andreas Street 101, Tel. 05/36 22 65, Kategorie 3*

SPORT UND STRÄNDE

Im Stadtgebiet von Limassol baden nur Einheimische. Vor den Hotels im Westen der Stadt liegen kleine Sandstrände; hier werden alle Wassersportmöglichkeiten geboten. Schöne Strände gibt es jedoch nur am Lady Mile Beach, am Kourion Beach und am Governor's Beach.

Paradiesisch sind die üppig bepflanzten Strandhotels bei Limassol

AM ABEND

Edo Lemesos
Gepflegtes Mese-Restaurant mit griechischer Live-Musik. *Irinis Street 111, Kategorie 1*

Keryneia Tavern
Große Taverne mit Folklore-Show mittwochs und Bouzouki-Betrieb freitags, samstags und sonntags. *Zakakia, Franklin Roosevelt Avenue, Kategorie 1*

AUSKUNFT

Cyprus Tourism Organization
Spyrou Araouzou Avenue 15 (am alten Hafen), Tel. 05/36 27 56
George A' Street, Germasogia (im Hotelviertel), Tel. 05/32 32 11

ZIELE IN DER UMGEBUNG

Alt-Amathous **(C 5)**
In der Antike lag auf Teilen der heutigen Hotelstadt das Stadtkönigreich Amathous, das ähnlich wie Kiti, das heutige Larnaka, bis in die Mitte des ersten vorchristlichen Jahrtausends hinein nicht hellenisiert war, sondern unter phönizischem Einfluß stand.

Von der antiken Stadt blieb kaum etwas erhalten. Östlich des Hotels Amathus Beach sind auf der linken Straßenseite noch die Überreste einer frühchristlichen Basilika zu sehen; auf einem Hügel in der Nähe des Hotels sind Tempelreste gefunden worden. *9 km von Limassol*

Fasouri **(B 5)**
★ Im Südwesten von Limassol erwartet den Reisenden eine üppig grüne Plantagenlandschaft, durch die eine kilometerlange Zypressenallee führt. Im Schutz von Baumhecken gedeihen hier Zitronen, Orangen und Pampelmusen; neuerdings wagt man auch den Anbau exotischer, mehr Geld bringender Früchte wie Avocados und Kiwis. Spaziergänge in den Plantagen sind zwar nicht möglich, doch ist schon die Fahrt auf der Zypressenallee ein Erlebnis. *5–10 km von Limassol*

Die Burg von Kolossi

Kolossi **(B 5)**

★ Am Nordwestrand der Plantagen von Fasouri ragt zwischen Zypressen der braune Festungsturm der Burg von Kolossi auf. Von seinem Dach aus hat man einen weiten Blick über die grüne Oase bis hin zum Meer, dem Troodos und den Hochhäusern von Limassol.

Die Burg von Kolossi ist ein Werk der Johanniterritter, die im Zeitalter der Kreuzzüge für die Krankenpflege im Heiligen Land und an den Pilgerwegen dorthin zuständig waren. Als das Geschlecht der Lusignans Zypern erobert hatte, suchten sie nach Verbündeten, die zusammen mit ihrem zahlenmäßig schwachen Heer die Insel gegen Feinde verteidigen könnten. Sie fanden sie in den Kreuzritterorden, allen voran bei den Johannitern. Diese erhielten Kolossi und Ländereien mit 60 Dörfern samt Bewohnern zum Geschenk und gründeten dort eine »Außenstelle« ihres Ordens. Nachdem sie 1291 von den Arabern ganz aus Palästina vertrieben wurden, machten sie Zypern vorübergehend zu ihrem Hauptquartier, bevor sie 1309 nach Rhodos weiterzogen. Aber auch von dort aus verwalteten sie weiterhin ihren Besitz auf Zypern.

Die Burg von Kolossi war der Wohnsitz des Statthalters und diente zugleich als Verwaltungssitz für die Ländereien, auf denen vor allem Wein und Zuckerrohr wuchsen. Die Trauben brachten einen schweren Südwein hervor, der heute noch produziert wird, den Commandaria. Aus dem Zuckerrohr gewann man Zucker, der bis nach Venedig exportiert wurde.

Die Burg, die im Bauzustand des späten 15. Jhs. erhalten ist, war von einer nur noch in Resten vorhandenen Mauer umgeben. Im Keller des Baus lagen die Vorratsräume mit Zisternen zum Auffangen des Regenwassers; in den beiden Geschossen darüber lebten und arbeiteten die Ritter.

Neben einem gewaltigen, erst

Achill auf Skiros

Weil sie wußte, daß Achill im Kampf um Troja sterben sollte, versteckte seine Mutter den Jüngling als Mädchen verkleidet im Palast des Königs von Skiros. Der Held Odysseus wußte, daß die Griechen den Kampf um Troja nur mit Achill gewinnen würden. Er fuhr als Händler verkleidet nach Skiros und breitete vor den Mädchen im Palast viele Geschenke aus, darunter auch Waffen. Dann ließ er die Kriegstrompete blasen. Eins der Mädchen griff sofort zu einem Schwert – und war damit als Achill enttarnt.

150 Jahre alten Macherienbaum, der sich an der Ostseite der Burg befindet, endet ein mittelalterlicher Aquädukt. Das damit herbeigeführte Wasser trieb die Mühlräder an, mit denen das Zuckerrohr ausgepreßt wurde. Im benachbarten hallenartigen Bau lief dann die eigentliche Zuckerproduktion ab. *Tgl. 7.30–19.30 Uhr (Okt.–Mai nur bis 17 Uhr); Eintritt 75 c, 12 km von Limassol*

Kourion **(B 5)**

Die neben Pafos sehenswerteste archäologische Stätte an der Südküste erstreckt sich über ein Plateau westlich von Limassol. In dieser landschaftlich reizvollen Umgebung sind ein Amphitheater, Thermen, Mosaike, die Grundmauern zahlreicher städtischer Gebäude, ein Stadion und ein großes Apollon-Heiligtum sowie die immer noch eindrucksvollen Überreste einer großen frühchristlichen Basilika erhalten geblieben.

Die in römischer Zeit Curium benannte Stadt existierte schon zu Beginn des 1. Jahrtausends v. Chr. Die heute noch sichtbaren Teile aber stammen nahezu alle aus römischer und sogar frühchristlicher Zeit, also aus den ersten sechs Jahrhunderten nach der Zeitenwende.

Man beginnt die Besichtigung am besten im *Heiligtum des Apollo Hylates* am ehemaligen Westrand der Stadt. Der Gott wurde hier als Beschützer des Waldes und der wilden Tiere verehrt. Im Heiligen Bezirk sieht man die Grundmauern mehrerer Pilgerherbergen, der Priesterwohnung und römischer Thermen sowie einen teilweise rekonstruierten Tempel aus dem 1. Jh. n. Chr. Links der Heiligen Straße, die auf die Tempelfassade zuführt, ist hinter einem Drahtzaun ein felsiges Rund mit mehreren Vertiefungen zu erkennen. In diesen Löchern waren Bäume gepflanzt, um die die Pilger herumtanzten, um damit die Waldgottheit zu ehren.

Auf dem Weg vom Apollon-Heiligtum zurück in Richtung Limassol und Zentrum des antiken Kourion passiert man das an der Hauptstraße gelegene *Stadion* aus römischer Zeit. Es faßte auf 7 Sitzreihen, von denen nur ein kleines Stück restauriert wurde, etwa 6000 Zuschauer.

In den Ausgrabungen der Stadt Kourion besichtigt man am besten zunächst das ★ *Amphitheater*, das in dieser Form im 2. Jh. n. Chr. angelegt wurde und 3500 Zuschauern Raum bot. Von den Sitzreihen aus hat man einen faszinierenden Blick auf den Strand von Kourion und die Halbinsel Akrotiri.

Neben dem Theater sollte man sich die *Mosaike im Haus des Eustolios* anschauen, die für die Archäologen von besonderem Interesse sind, weil sie schon aus christlicher Zeit, nämlich dem frühen 5. Jh., stammen. Zu dieser Zeit waren Darstellungen von biblischen Szenen und Heiligen noch nicht üblich; stattdessen bildete man Vögel und geometrische Muster ab. In Inschriften im Boden ist Christus schon genannt. Die einzige menschliche Darstellung zeigt das vielleicht noch heidnische Bild der »Ktisis«, einer Verkörperung der Schöpferkraft. Sie hält eine Maßeinheit (einen römischen »Fuß«) in der Hand.

Wie die meisten dieser Mosaike stammt auch die *große Basilika* am anderen Ende der Ausgrabungen von Kourion aus dem 5. Jh., also aus einer Zeit, in der sich der Wandel vom heidnischen zum christlichen Kourion vollzog. Die fünfschiffige Basilika muß von unerhört aufwendiger Pracht gewesen sein, wie Reste von Fußbodenmosaiken, heruntergefallene Dachziegel sowie die Brunnenanlagen in zwei Vorhöfen zeigen. An die eigentliche Basilika im Norden angebaut war eine kleinere Taufbasilika, in der noch das kreuzförmige Taufbecken erhalten ist. Wie heute nach wie vor in der orthodoxen Kirche wurden die frühen Christen ja durch ganzleibiges Untertauchen getauft: Die meisten Täuflinge im 5. Jh. waren Erwachsene, deswegen haben frühchristliche Taufbecken die hier sichtbare Gestalt.

Gegenüber der Basilika liegt das weitläufige Ruinenfeld der sogenannten *Akropolis*, sozusagen die Innenstadt des alten Kourion. Neben vielen Grundmauern und den Überresten der Thermen mit einer Nymphäum genannten Brunnenanlage sind nahe dem Umgrenzungszaun an der Hauptstraße drei römische Mosaike im Boden zu sehen. Eins zeigt in zwei Feldern Gladiatorenkämpfe, eins den Raub des Ganymed durch Zeus in Gestalt eines Adlers, ein drittes Odysseus, wie er den auf der Insel Skiros von seiner Mutter Thetis versteckten Achilles entdeckt. *Tgl. 7.30–19.30 Uhr (Okt.–Mai nur bis 17 Uhr); Eintritt Apollon-Heiligtum und Kourion je 75 ¢, 15 km von Limassol*

Lania **(B 4)**
Unterhalb dieses noch recht ursprünglichen Dorfes liegt direkt an der Hauptstraße von Limassol ins Troodos-Gebirge das »Royal Oak Cafe«, wo man für eine Erfrischungspause in einer vielhundertjährigen Portugiesischen Eiche Platz nehmen kann. *25 km von Limassol*

Pissouri **(B 5)**
Gute Hotels gibt es viele auf Zypern, originelle hingegen kaum. Das ★ »Bunch of Grapes Inn« im küstennahen Bergdorf Pissouri ist da eine stimmungsvolle Ausnahme. Das alte Steingebäude war einst ein großes Bauernhaus. Die 13 einfachen Zimmer liegen an einem romantischen Innenhof, der im Sommer als Bar und Restaurant genutzt wird. Hier können auch Gäste die Atmosphäre genießen, die nicht im Hotel wohnen.

4 km unterhalb des Dorfes stehen am Sand-Kies-Strand von Pissouri das Badehotel Columbia Pissouri Beach und einige Tavernen. *Bunch of Grapes Inn: Tel. 05/22 12 75, Fax 22 25 10, Hotel Kategorie 3, Restaurant Kategorie 2, 38 km von Limassol*

Germasogeia (Yermasoyia) **(C 5)**
Das große Dorf oberhalb des Hotelviertels von Limassol ist zwar kein Ausflugsziel für Zypern-Rundreisende, wohl aber ein netter Ort für Limassol-Urlauber. Hier kann man noch etwas Dorfleben sehen und in einer der Tavernen ein üppiges und uriges Mese bestellen, z. B. in der Flogera Tavern (20 bis 1 Uhr), in der Bouzouki-Spieler von Tisch zu Tisch gehen. *9 km von Limassol*

ΠΟΛΙΤΙΚΟΙ ΓΑΜΟΙ
MARRIAGE REGISTRY
TOURIST
INFORMATION
A.&C. HANDICRAF
Lefkara Lace
Silver_Souvenirs

Die geteilte Hauptstadt

Mitten durch Nicosia (Lefkosia) verläuft die Green Line, die Grenze zwischen dem türkisch besetzten und dem freien Teil Zyperns

Über ein Viertel aller Zyprioten lebt in Nicosia und Umgebung. Die Stadt liegt im Zentrum der Mesaoria-Ebene zwischen dem Kyrenia-Gebirge im Norden, dem Troodos-Gebirge im Südwesten und niedrigen, oft tafelbergartigen Ausläufern des Troodos im Südosten. Die Gipfel des Kyrenia- sowie die sanften, ihre Höhe verleugnenden Kuppen des Troodos-Gebirges sind an vielen Tagen von der Inselhauptstadt aus zu sehen.

Die günstige Lage in der Ebene ermöglicht Nicosia ein ungehemmtes Wachstum. Die Stadt bietet vielen Menschen Arbeit in Regierung und Verwaltung, im Handel, im Dienstleistungsgewerbe und in der Industrie. Etwa die Hälfte aller zypriotischen Herstellungsbetriebe ist im Großraum von Nicosia angesiedelt. Produziert werden vor allem Schuhe, Textilien und Papier. Der Tourismus spielt in Nicosia und Umgebung keine große Rolle. Die meisten Besucher kommen nur auf Tagesausflügen von der Küste aus hierher, zumal es im Binnenland ja auch fast immer noch um zwei bis drei Grad heißer ist als am Meer. So flüchten denn auch die Bewohner der Hauptstadt an Sommerabenden und -sonntagen gern aus dem Häusermeer an die See oder in die Gebirgsdörfer.

In der Umgebung von Nicosia dehnen sich die Vorstädte zwar immer weiter aus und beherbergen viele Pendler, gleichzeitig wird in der fruchtbaren Ebene aber auch noch intensiv Landwirtschaft betrieben. Im Vordergrund steht der Anbau von Weizen und Gerste.

Die zur Ebene hin abfallenden Hänge des Troodos sind großenteils bewaldet. An ihnen liegen einige wenige Dörfer, noch bewohnte Klöster und interessante Kirchen, die man am besten vom Standort Nicosia aus besucht.

Die Altstadt von Nicosia verläuft auf beiden Seiten der Mauer

NICOSIA

(**C3**) Um einen flüchtigen Eindruck von Nicosia (177 000 Ew.) zu bekommen, genügt gerade ein Tag. Wer die Stadt jedoch gut kennenlernen und auch die Sehenswürdigkeiten in der Umgebung besuchen möchte, sollte zwei bis drei Nächte in Nicosia einplanen. Dann ist auch ein Rundgang durch den türkisch besetzten Teil der Altstadt von Nicosia möglich. Mitten durch die Mesaoria verläuft ja die Green Line, die Zypern und auch Nicosia teilt. Der einzige Übergang für Ausländer befindet sich in der Inselhauptstadt.

Nicosia ist zwar eine über 3000 Jahre alte Stadt, doch war sie in der Antike relativ bedeutungslos. Wohlhabender und einflußreicher waren das kupferreiche Tamassos (beim heutigen Dorf Politiko) und Idalion (das heutige Dhali) mit seinem Aphrodite-Heiligtum. Nicosia selbst wird im 7. Jh. v. Chr. erstmals in einer Aufstellung der den Assyrern tributpflichtigen zyprischen Stadtkönigtümer erwähnt und trug damals den Namen Ledra. Im 3. Jh. v. Chr. wurde sie vom Ptolemäerprinzen Lefkos als Lefkosia neu gegründet, im 6. Jh. v. Chr. verleibte sich Salamis die Stadt ein. Inselhauptstadt wurde sie erst unter den Lusignans im Jahre 1192, die sie Nicosia nannten. Bei den Griechen heißt sie noch heute Lefkosia, bei den Türken Lefkoscha.

Nicosia ist in doppelter Hinsicht zweigeteilt. Von einem erhöhten Standpunkt aus erkennt man deutlich den knapp fünf Kilometer langen Mauerring, der die Altstadt mit ihren kleinen Häusern umgibt, zwischen denen Kirchtürme und Minarette aufragen. Um die Altstadt herum ist das moderne Nicosia gewachsen, in der Republik Zypern üppig, im türkisch besetzten Norden eher bescheiden.

Die Trennlinie zwischen Nord und Süd verläuft mitten durch die Altstadt. Sie wird durch eine Mauer markiert, die mit Sandsäcken und leeren Ölfässern verstärkt ist; manchmal bilden auch Hauswände unmittelbar die Grenze.

Die Altstadt ist der einzig interessante Teil von Nicosia – auf beiden Seiten der Mauer. Hier stehen die meisten Museen und alle historischen Sehenswürdigkeiten, hier herrscht in den Haupteinkaufsstraßen Ledra und Onasgoras Street buntes Treiben. Im Altstadtviertel Laiki Gitonia kann man auch die Abende sehr angenehm verbringen. Die Neustadt hingegen mit ihren beiden Hauptachsen, der Makarios und der Evagoras Avenue, hat keinerlei Charme und kann getrost vernachlässigt werden. Es dürfte genügen, wenn man vom Auto oder Bus aus einen Blick auf die angenehm bescheidenen Regierungsgebäude und Ministerien wirft.

BESICHTIGUNGEN

Agios-Giannis-Kathedrale

Die orthodoxe Kathedrale der Stadt ist ein überraschend kleiner Bau aus dem Jahre 1662, der auf den Ruinen einer Kreuzritterkirche erstand. Der Innenraum wurde zwischen 1736 und 1756 vollständig ausgemalt.

Besonders auffällig ist die Darstellung der Kreuzigung Jesu, die mit ihrer Bewegtheit und ihrem Figurenreichtum an westliche Gemälde erinnert und dennoch alle den Byzantinern wichtigen theologischen Aussagen einbezieht. So tropft Blut aus der Fußwunde des Gekreuzigten auf den Totenschädel Adams, um anzuzeigen, daß durch Jesu Opfer die Toten zum Leben erweckt werden. Ein Engel schwebt herbei, um das Blut Christi in einem Kelch aufzufangen, der ans Abendmahl erinnern soll. Sonne und Mond, beide mit Gesichtern gemalt, verkünden, daß der Gekreuzigte der Herrscher über den Kosmos ist. Interessant ist bei dieser Malerei auch die Darstellung mehrerer Soldaten am rechten unteren Bildrand, die deutlich türkische Kleidung aus der Entstehungszeit des Bildes tragen.

Auch die Abbildung des Jüngsten Gerichts über der heutigen Eingangstür zeigt aussagekräftige Details: Der Herr der Hölle im rechten unteren Bildrand hält den Verräter Judas im Schoß und zwischen den Beinen die schöne Salome, die von Herodes die Enthauptung Johannes des Täufers verlangte.

Die Darstellungen der ersten sieben ökumenischen Konzilien im hinteren Teil der Kirche sollen den Gläubigen ermahnen, nicht von den dort verkündeten Glaubensauffassungen abzuweichen.

Das historische Ereignis, das zur Gründung der zypriotischen Nationalkirche führte, erzählen vier Bildfelder an der rechten Wand gleich neben dem Thron des Erzbischofs: Da erscheint der Apostel Barnabas dem Bischof Anthemios im Traum, um ihm zu verkünden, wo sein Grab zu finden sei. Anthemios zieht an den angegeben Ort und findet den Leichnam des Apostels unversehrt mit einem Matthäus-Evangelium in der Hand. Er übergibt es dem Kaiser Zenon in Konstantinopel und erhält dafür die Insignien des Erzbischofs von Zypern: ein Zepter, ein purpurnes Gewand und rote Tinte. *Tgl. 8–12 und 14–16 Uhr, Eintritt frei, Archbishop Kiprianos Square*

Erzbischöflicher Palast

Als Zypern 1960 unabhängig wurde, ließ sich Makarios III. in der Altstadt einen weitläufigen Palast erbauen. Hier residierte er bis 1977 als Erzbischof und

MARCO POLO TIPS FÜR NICOSIA

1 Zypern-Museum
Die Schätze des Altertums auf einen Blick (Seite 54)

2 Selim-Moschee
Gotische Architektur und der Ruf des Muezzins im besetzten Teil der Insel (Seite 60)

3 Laiki Gitonia
Romantische Atmosphäre und gutes Essen in der Altstadt (Seite 52)

4 Kloster Machairas
Ein Ausflug in die Waldeinsamkeit und zu leckerem Kleftiko (Seite 59)

5 Ikonen-Museum
Das Wertvollste aus zypriotischen Kirchen (Seite 54)

6 Asinou
900jährige Wandmalereien als Weltkulturerbe der Menschheit (Seite 58)

Staatspräsident zugleich. Seine nicht unumstritten monumentale Statue steht heute vor dem Palast, in dem jetzt Erzbischof Chrisostomos residiert. Der Staatspräsident hingegen bewohnt ein weitaus bescheideneres Haus in der Neustadt. *Keine Innenbesichtigung möglich, Archbishop Kiprianos Square*

Famagusta-Tor
Das restaurierte Stadttor aus venezianischer Zeit dient heute als Kulturzentrum der Stadt, in dem Vorträge, Ausstellungen, Konzerte und Theateraufführungen stattfinden. Das Tor, unter den Venezianern Porta Giuliana genannt, besteht aus einem 35 Meter langem Gang, der aus der Stadt in den Wallgraben führt. Links und rechts des Durchgangs lagen die Räume der Wachmannschaften. *Mo–Fr 10–13 und 16–19 Uhr (Juni–Aug. 17–20 Uhr), Nikiforos Phokas Avenue*

Freiheitsdenkmal
Das moderne Denkmal auf der Stadtmauer gegenüber vom Neuen Erzbischöflichen Palast zeigt die Befreiung des zypriotischen Volkes von der britischen Kolonialherrschaft durch die Freiheitskämpfer der EOKA und wird von der Statue der personifizierten Freiheit bekrönt. *Nikiforos Phokas Avenue*

Laiki Gitonia
★ Viele Häuser in der Altstadt von Nicosia müßten dringend renoviert werden. In einem klei-

Laiki Gitonia: Hier herrscht südländische Stimmung

nen, zentral gelegenen Teil hat die Stadt Nicosia diese Aufgabe übernommen: in der Laiki Gitonia. Seit 1984 wurde hier ein romantisch anzusehender Winkel geschaffen, in dem mehrere stimmungsvolle Tavernen und einige Souvenirgeschäfte eingezogen sind. Hier herrscht die südländische Stimmung, die man im Urlaub sucht. *Zwischen Regaena und Hippocrates Street*

Maronitenviertel

Die Maroniten sind eine christliche Glaubensgemeinschaft, die im Libanon zu Hause ist. Etwa 7000 von ihnen leben auf Zypern. Ihre Vorfahren sind schon vor langer Zeit eingewandert, die zypriotischen Maroniten sprechen Griechisch als Muttersprache und sind ganz normale Staatsbürger. Die Maronitische Kirche ist mit der römisch-katholischen uniert und erkennt den Papst als ihr Oberhaupt an.

Das traditionelle Wohnviertel der zypriotischen Maroniten liegt im westlichen Teil der Altstadt. Hier steht auch ihre moderne Bischofskirche, deren Fassade und Apsis mit neuen Mosaiken geschmückt sind, die an byzantinische Vorbilder erinnern, jedoch lateinische Inschriften tragen. Das Innere der Kirche ist weitgehend schmucklos; die Ikonostase fehlt. Auch findet man hier, im Gegensatz zu orthodoxen Kirchen, Skulpturen an den Wänden. *Schlüssel im Bischofsamt neben der Kirche, zwischen Arsinoe und Pafos Street*

Stadtmauern

Die Stadtmauer aus venezianischer Zeit, auf der heute auf weiten Strecken eine Straße verläuft, war durch elf Bastionen verstärkt. Nur drei Tore führten ursprünglich hindurch: neben dem Famagusta-Tor noch das Pafos-Tor im Westen und das Kyrenia-Tor im Norden. Der breite Wallgraben ist noch gut zu erkennen, obwohl in ihm jetzt Sportstätten und Parkplätze angelegt sind.

MUSEEN

Cyprus Jewellers Museum

Gezeigt werden alter Schmuck und Werkzeuge. *Laiki Gitonia, Mo–Fr 10–16.30 Uhr, Eintritt frei*

Folklore-Museum

Das volkskundliche Museum ist im alten Erzbischofspalast untergebracht, in dem auch Makarios III. bis 1960 residierte. Der Bau stammt zu großen Teilen noch aus der Kreuzritterzeit, in der dieser als Benediktinerkloster errichtet worden war. Ein Teil des Museums bezieht Reste des alten Kreuzgangs ein. Ein Schwerpunkt der Sammlungen ist technisches Gerät aus der Zeit vor der Industrialisierung. Zu sehen sind Trachten und Webarbeiten, Hohlsaumstickereien aus Lefkara und schöne geschnitzte Holztruhen, Schmuck und Haushaltsgegenstände, einige Ikonen und naive Gemälde des Laienmalers Kashialos, von denen eins anschaulich eine traditionelle Dorfhochzeit zeigt. *Zur Zeit geschlossen, Wiedereröffnung unbestimmt, Archbishop Kiprianos Square*

Haus des Hadjiyorgakis Kornesios

Das 1988 mit dem Europa-Nostra-Preis ausgezeichnete Museum zeigt den Lebensstil eines wohlhabenden Griechen im Zypern des 18. Jhs. Es nimmt einen ursprünglich wohl venezianischen Palast ein, in dem von 1779 bis 1809 jener Hadjiyorgakis Kornesios mit seiner Familie wohnte. Er hatte während dieser Zeit das Amt des Dragomans inne, des obersten christlichen Verwaltungsbeamten der Insel. Er überwachte für die christliche Kirche und den türkischen Sultan die Steuereintreibung bei den Christen und galt zugleich als Sprecher seiner Glaubensbrüder, der jederzeit direkten Zugang zum Sultan hatte.

Das Innere des gut restaurierten Hauses zeigt, wie orientalisch es auf Zypern während der Türkenherrschaft zuging. *Mo–Fr 8–14 Uhr, Sa 9–13 Uhr; Eintritt 75 c, Patriarch Gregorios Street*

Ikonen-Museum

★ Das in einem Seitentrakt des Neuen Erzbischofspalastes untergebrachte Museum zeigt in zwei Sälen weit über 100 der schönsten und wertvollsten zypriotischen Ikonen und Mosaike. Sie stammen aus dem 8.–18. Jh. und geben einen umfassenden Überblick über die verschiedenen Stilrichtungen, die westlichen Einflüsse und die Thematik byzantinischer Kunst. *Mo – Fr 9–13 und 14–17 Uhr, Sa 9 bis 13 Uhr; Eintritt 50 c, Archbishop Kiprianos Square*

Levendis-Museum

Das Museum am Rande der Laiki Gitonia präsentiert auf anschauliche Art Dokumente und Objekte, die das Leben in Nicosia während der letzten drei Jahrtausende illustrieren. *Di–So 10–16.30 Uhr, Eintritt frei, Hippocrates Street*

Museum des nationalen Kampfes

Das Museum zeigt erschütternde Zeugnisse aus dem Kampf der EOKA gegen die britische Kolonialherrschaft. Zeitungsausschnitte und Fotos, Briefe und die persönliche Habe von gehenkten Freiheitskämpfern, eine nachgebaute Galgenkammer, Waffen und vieles mehr rufen die Ereignisse der Jahre 1955–60 ins Gedächtnis. *Mo–Fr 7.30–14.30 Uhr und 15–17.30 Uhr; Eintritt 25 c, Archbishop Kiprianos Square*

Staatliche Sammlung zeitgenössisicher Kunst

Ständige Ausstellung von Malereien und Skulpturen zypriotischer Künstler von 1930 bis heute. *Mo–Fr 10–17 Uhr, Sa 10 bis 13 Uhr; Eintritt 25 c, Stassinos Avenue/Kritis Street*

Zypern-Museum

★ Das schönste und wertvollste, was Archäologen auf Zypern fanden, ist in den 16 Sälen dieses angenehm kleinen und übersichtlichen Museums ausgestellt, das die Briten zu Beginn des Jahrhunderts erbauten. In zwei Stunden gewinnt man einen Überblick über die kulturelle Entwicklung der Insel von der Jungsteinzeit bis zum frühen Mittelalter.

Saal 1 zeigt, daß die Menschen vor fast 8000 Jahren schon gleiche Grundbedürfnisse hatten wie wir. Kreuzförmige Idole aus Andesit-Gestein, die wahrscheinlich wie Amulette getragen wurden, sollten den Menschen vor übernatürlichem Übel bewahren. Halsketten wie die aus Röhrenmuscheln und Karneol wurden als Schmuck getragen. Schalen aus Stein sowie Schüsseln und Krüge aus Ton dienten als Haushaltsgeräte. Auch diese frühe, 6000 Jahre alte Keramik verdeutlicht, daß der Mensch nicht nur nach funktionstüchtigen, sondern auch schönen Alltagsgegenständen strebte: Schüsseln und Krüge waren rot poliert und bemalt und häufig mit wellenförmigen Linien geschmückt, die mit einem kammartigen Werkzeug in die noch feuchte Farbe geritzt wurden. Man nennt diese frühe Keramikgattung deshalb auch Kammstrich-Ware.

Saal 2 verrät etwas aus dem Leben in der frühen Bronzezeit. Drei Terrakottamodelle zeigen Bauern beim Pflügen und zwei Tempelszenen. Die rotglänzenden Keramikgefäße entbehren noch jeder Schematik, sprechen für ein Denken, das noch nach einer Ordnung sucht. Da sind große Gefäße, die aus bis zu sieben kürbisformigen Einzelteilen zusammengesetzt sind und andere, deren Ränder mit phantasievollen Tier- und Menschenkopfdarstellungen besetzt sind.

Saal 3 präsentiert im »Schnelldurchgang« die weitere Geschichte der zypriotischen Keramik. Man sieht importiere Ware aus Athen, Kreta und aus Mykene, wo der schöne Zeuskrater herstammt. Er zeigt den Göttervater mit der Schicksalswaage, mit der die Zukunft der zur Schlacht aufbrechenden Krieger festgelegt wird. Prachtexemplare der einheimischen Keramik sind zwei Vasen im Freifeld-Stil aus dem 7. Jh. v. Chr. Die eine zeigt einen Stier, der an einer geöffneten Lotusblüte schnüffelt, die andere einen stilisierten Vogel, der einen Fisch im langen Schnabel hält.

Saal 4 zeigt einen Teil der rund 2000 Votivfiguren, die in einem archaischen Heiligtum an der Nordküste gefunden wurden. Sie werden so präsentiert, wie die Archäologen sie in der Erde entdeckten. Die kleinsten sind nur 10 cm hoch, manche erreichen Lebensgröße. Die menschlichen Figuren sind so individuell, daß sie Porträts der Stifter darstellen könnten, die sich durch die Hinterlegung ihrer Statue unter den Schutz der Gottheit stellen wollten.

Saal 5 und 6 befassen sich mit der Entwicklung der Großskulptur auf Zypern. Anfangs sind die orientalischen Einflüsse noch stark, später setzt sich der Geist des Römischen Reiches durch. Besonders eindrucksvoll ist die über 2 m hohe Bronzestatue des römischen Kaisers Septimus Severus.

Saal 7 ist inhaltlich zweigeteilt. In der vorderen Hälfte sind zahlreiche Objekte zu finden, die mit Zyperns Haupteinkommensquelle in der Antike, dem Kupfer, zusammenhängen. Man sieht Kupferbarren aus der Bronzezeit, die die Form gespannter Ochsenhäute haben, eine Kupferwaage und Produkte aus Kupfer wie Fleischspieße und Kultfiguren: den berühmten Gehörnten Gott von Enkomi und den Barrengott, der mit einem Speer bewaffnet auf einem Kupferbarren steht.

Im hinteren Teil von Saal 7 ist ein römisches Mosaik aufgehängt, das Leda mit dem Schwan zeigt. In den Vitrinen sind römisches Glas, antike Münzen, antiker Schmuck und byzantinische Silberteller zu sehen. Herausragend sind eine spätbronze zeitliche Silberschale mit einem Fries von Stierköpfen zwischen Lotusblüten in eingeschmolzenem Gold und Niello sowie ein Zepter aus dem 11. Jh., das auf der Kugelspitze zwei Lämmergeier in Cloisonnétechnik zeigt.

Saal 8 zeigt in Rekonstruktionen, in denen selbst die Skelette nicht fehlen, wie Menschen von der Jungsteinzeit bis zum 5. Jh. v. Chr. bestattet wurden.

Saal 9 ist Grabdenkmälern aus dem 6.–3. Jh. v. Chr. vorbehalten.

Saal 10 präsentiert die Entwicklung der zyprischen Schrift.

Saal 11 beherbergt Funde aus den Königsgräbern von Salamis. Sehenswert sind die Elfenbeinarbeiten an den königlichen Möbeln und ein großer Bronzekessel auf eisernem Dreifuß aus dem frühen 8. Jh. In einem Nebenraum werden Methoden der Kupfergewinnung und -verarbeitung vorgeführt.

Saal 12 zeigt weitere Gräber und Höhlen.

Saal 13 präsentiert römische Statuen, die aus Salamis hierher gebracht wurden.

Saal 14 ruft noch einmal mit kleinen Objekten die Welt der vorgeschichtlichen Zeit in Erinnerung. Man sieht Wagenmodelle, die als Kinderspielzeug gedient haben mögen, und Terrakottafiguren gebärender Frauen sowie Brettidole aus der frühen Bronzezeit. *Mo–Sa 9–17 Uhr, So 10–13 Uhr; Eintritt 1,50 CYL, Museum Street*

RESTAURANTS

In der Altstadt liegen fast alle Restaurants in der Laiki Gitonia und ihrer nächsten Umgebung. In der Neustadt sind die Restaurants weit verstreut; einige ältere Tavernen findet man dort nahe der Kreuzung von Evagoras und Makarios Avenue.

Acropolis

Taverne alten Stils nahe der Altstadt; gutes Mese und Wein vom Faß. *Tgl. außer So 12 bis 15 und 19–24 Uhr, Leonidas Street 12, Kategorie 2*

Archontico

Gepflegte Taverne mit bunter Mischung aus Touristen und Einheimischen, gutes Mese. *Tgl. 12–15 und 19–24 Uhr, Laiki Gitonia, Kategorie 1*

Athineon

Taverne alten Stils mit großer Auswahl auch an gekochten Gerichten. *Tgl. 12–24 Uhr, Archbishop Makarios III Avenue 8, Kategorie 3*

Mattheos

Einfache Familientaverne mit großer Auswahl an gekochten Speisen nahe der Faneromeni-Kirche. *Tgl. außer So 10–18 Uhr, Lefkonos Street, Kategorie 3*

Royiatico

Taverne mit gutem Mese in idyllischer Lage. *Tgl. außer So 12–15 und 19–24 Uhr, Laiki Gitonia, Kategorie 1*

EINKAUFEN

Die Haupteinkaufsstraßen sind die Ledra und die Onasgoras

Street in der Alt- sowie die Makarios Avenue in der Neustadt. Die meisten Souvenirgeschäfte sind in der *Laiki Gitonia.*

MAM
Spezialbuchhandlung für Liebhaber von Literatur über Zypern, zypriotischer Volksmusik und Postkarten mit historischen Motiven. *Laiki Gitonia*

Märkte
Interessanter als die Markthalle in der Altstadt (Platia Dimarchias, 7.30–13 Uhr) sind der *Mittwochsmarkt auf der Constanza-Bastion* (7–17 Uhr) und der Markt in der Neustadt (*Evgenias & Antoniu Theodotu Avenue, Mo–Sa 7.30–13, Mo–Fr 16–18.30 Uhr; im Winter 8–17 Uhr).*

Staatliches Kunsthandwerkszentrum
Demonstration der verschiedenen Techniken und Verkaufsausstellung mit Festpreisen. *Athalassiu Street 186*

HOTELS

Cyprus Hilton
Bestes Haus am Ort mit vielen Sporteinrichtungen und Business Centre. 298 Zi., *Neustadt, Archbishop Makarios Avenue, Tel. 02/37 77 77, Fax 37 77 88, Kategorie 1*

Kennedy/Holiday Inn
Hervorragendes Hotel in der Altstadt mit Hallenbad und kleinem Pool auf dem Dach, von dem aus man einen guten Blick über Lefkosia hat. 134 Zi., *Regaena Street 70, Tel. 02/47 51 31, Fax 47 33 37, Kategorie 1*

Old Peter House
28 unterschiedlich große Zimmer in zentraler Altstadtlage. *Laiki Yitonia, Tel. 02/46 31 51, Kategorie 3*

AM ABEND

Aegeon
Stimmungsvolle Taverne in einem alten Haus, das sich in der Altstadt nahe dem Famagusta-Tor befindet; exzellentes Mese à la carte, erstklassiger Service. *Tgl. ab 19 Uhr, Kategorie 1*

Cellari
Griechische Musik zum Zuhören in der Altstadt; kaum Touristen. Manchmal wird getanzt. *Tgl. ab 21.45 Uhr, Korais Street 25*

Epea
Ouzeri und Teestube in altem Haus auf der Stadtmauer nahe dem Famagusta-Tor; Musikinstrumente zur Benutzung für die Gäste. *Tgl. ab 19 Uhr (Winter 20 Uhr), N. Fokas Avenue 30*

AUSKUNFT

Cyprus Tourism Organization
Laiki Gitonia, Tel. 44 42 64

ZIELE IN DER UMGEBUNG

Asinou (B 4)

★ Die Mönche des Mittelalters haben die Einsamkeit gesucht. So siedelten sie auch am oberen Ende eines Tals am Rande des Troodos weitab von jedem Dorf zwischen Wäldern und Weiden. Von ihrem Kloster der Panagia Forviotissa in der Gemarkung Asinou ist nur noch die Kirche erhalten; die Wohn- und Wirtschaftsräume aus Holz und Lehm sind spurlos verschwunden. Die Kirche aber ist einer der größten Kunstschätze Zyperns.

Von außen gleicht der kleine, einschiffige Bau mit seinem weit heruntergezogenen Ziegeldach eher einer Scheune denn einem Gotteshaus. Bei genauerem Hinsehen erkennt man unter der Ziegelkonstruktion noch ein zweites, älteres Tonnengewölbe unter dem Kirchenschiff und Kuppeln über dem Vorbau, dem Narthex. Das Ziegeldach ist wohl eine Anregung aus der Kreuzritterarchitektur gewesen, das später zum Schutz gegen die Witterung über den ursprünglichen Bau gestülpt wurde. Dadurch sind die Wandmalereien im Innern so hervorragend erhalten geblieben. Die ältesten von ihnen stammen schon aus den Jahren 1105/6 – und leuchten nach einer vor 25 Jahren erfolgten Reinigung fast so kräftig wie vor nahezu 900 Jahren.

Zu den besonders interessanten Fresken im Kirchenschiff gehört die Darstellung über der kleinen Nordtür. Sie zeigt rechts ganz klein die Frau des Mannes, der den Kirchenbau bezahlt hat. Er selbst steht, etwas größer dargestellt, vor ihr und übergibt der noch größer abgebildeten Gottesmutter symbolisch ein Modell der Kirche. Ihr gegenüber thront Christus, dem die Kirche geschenkt wird, hinter ihm sind Engel in prächtigen Gewändern zu sehen.

Nicht minder interessant ist eine Darstellung der 40 Märtyrer von Sebaste in der linken, hinteren Ecke der Kirche. Man sieht 39 spärlich bekleidete, frierende und erschöpfte, aus zahlreichen Wunden blutende Männer auf dem Eis eines zugefrorenen Sees. Der vierzigste ist der Verlockung eines warmen Badehauses am Seeufer erlegen, das der besuchen darf, der dem Christentum abschwört. Seinen Platz nimmt aber schon ein Freiwilliger ein, der auf der anderen Seite der Bogenlaibung herantritt. Über den Märtyrern schweben bereits, von Christus gesandt, 40 Märtyrerkronen herbei.

Im ebenfalls vollständig ausgemalten Narthex, der im 14. Jh. angefügt wurde, sieht man neben der Zwischentür eine aufschlußreiche Jagdszene mit zwei angebundenen Jagdhunden und zwei zypriotischen Mufflons in den Bergen. Schön sind hier auch die Darstellung des Einzugs ins Paradies an der linken Seitenwand und mehrere Stifterfiguren auf verschiedenen Bildfeldern. *Den Schlüssel zur Kirche von Asinou verwaltet der Dorfpriester des vor Asinou gelegenen Dorfes Nikitari. Er wohnt im Dorfzentrum; die Kaffeehausbesitzer zeigen sein Haus; Spende üblich. 31 km von Nicosia*

Agios Iraklidios-Kloster (C 4)

Das Kloster liegt ebenso wie die Königsgräber von Tamassos in unmittelbarer Nähe des kleinen, sterbenden Dorfes Politiko am Rande der Mesaoria. Hat man das Dorf durchquert, erheben sich hinter einem lieblichen Olivenhain die sich zum Fotografieren anbietenden Mauern des Nonnenkonvents. Die Schwestern leben hier seit 1962 in einem selbst geschaffenen Garten Eden – Besucher fasziniert der gartenähnliche Innenhof des Klosters meist mehr als der Bau. Schwalben nisten in den Umgängen, im kleinen Klosterladen verkaufen die Schwestern billige, gedruckte Ikonen und selbstgemachtes Marzipan, dem freilich der Schokoladenüberzug fehlt.

Der Hl. Iraklidios, dem das Kloster geweiht ist, wurde als erster Bischof der kupferreichen Stadt Tamassos vom Apostel Paulus selbst eingesetzt. Mitte des 1. Jhs. war das Christentum noch eine Religion im Untergrund, Iraklidios starb auch bald den Martyrertod. Seine Schädel reliquie wird, in Gold gefaßt, noch heute in der Klosterkirche verehrt.

Die Kirche ist viergliedrig. Ihr vorgelagert ist ein offener Arkadengang, der Narthex. Er führt auf der rechten Seite zu einer Kreuzkuppelkirche aus dem 14. Jh. Sie wurde über einer Grotte erbaut, die als Grab des Heiligen gilt. Durch eine Luke im Boden kann man hinuntersteigen; ein besserer Zugang führt hinter der Ostseite der Klosterkirche hinab.

Die eigentliche Klosterkirche ist zweischiffig und stammt aus dem 15./16. Jh. Man erkennt an einigen Stellen noch Reste der früheren Wandmalereien und im Boden Teile eines Bodenmosaiks, das zu einer frühchristlichen Basilika aus der Zeit um 400 stammt, als das Christentum gerade Staatsreligion geworden war. Teile dieses Mosaiks sind auch noch rechts neben der Kreuzkuppelkirche zu sehen. Besondere Beachtung verdient eine Ikone ganz links in der Ikonostase der Klosterkirche: Sie zeigt die das Christuskind stillende Maria. *Tagsüber geöffnet, Eintritt frei, 21 km von Nicosia*

Agios-Panteleimon-Kloster (C 4)

Das Nonnenkloster beim Dorf Mitsero findet man still gelegen am Südrand der Mesaoria-Ebene. Es stammt aus dem 18. Jh., verfiel Ende des 19. Jhs. und wurde in den sechziger Jahren restauriert. Begeisternd ist die Blütenpracht im Klosterhof. *Tagsüber geöffnet; Eintritt frei, 29 km von Nicosia*

Fikardou (C 4)

Das kleine Dorf in der Nähe des Machairas-Klosters steht seit 1978 unter Denkmalschutz. Nur noch ein Dutzend Menschen leben ständig hier. Der Staat hat viele Häuser originalgetreu im Stil des 18. und 19. Jh. restauriert, so daß Fikardou heute als Museumsdorf gelten kann. Die Häuser, aus unbehauenen Steinen und Lehm erbaut, sind zumeist zweigeschossig. Zwei der alten Häuser, die sogar noch aufs 16. Jh. zurückgehen, dienen jetzt als volkskundliche Museen, in denen neben alten Möbeln und Gerätschaften auch eine Fotodokumentation über das frühere Dorfleben und die Restaurierungsarbeiten zu sehen sind. *Museen Mai - Aug. Di–Fr 9–13 und 15–18, Sa 9.30–13 und 15–17, So 9.30–15.30 Uhr; sonst Mo 9–13, Di–Fr 9–13 und 14 bis 16.30, Sa 9.30–13 und 15–17, So 9–15 Uhr. 40 km von Nicosia*

Machairas(Makheras-)-Kloster **(C 4)**

★ Eine kurvenreiche, schmale Asphaltstraße führt aus der Mesaoria durch dichte Wälder auf fast 900 Meter Höhe den Hang des Berges Kionia hinauf. Hier liegt über einem Bachtal, das man in gut vier Stunden bis nach Politiko, dem ehemaligen Tamassos, hinunterwandern kann, in prächtiger Aussichtslage das Mönchskloster der »Allheiligen des Messers«, der Panagia Makheras. Es wurde schon im 12. Jh. gegründet; seine Bauten einschließlich der recht schmucklosen Kirche im engen Klosterhof stammen jedoch aus der Zeit nach dem letzten Klosterbrand im Jahre 1892. Vor dem Kloster serviert eine große Taverne in frischer Bergluft im Hochsommer und an Wochenenden die zypriotischen Spezialitäten Suvla und Kleftiko, deren Zubereitung in mehreren Lehmbacköfen und an langen Spießen über einem Holzkohlengrill jedermann zuschauen kann. *Tagsüber geöffnet, Eintritt frei, 32 km von Nicosia*

Mitsero **(C 4)**

Das Dorf am Nordrand der Mesaoria-Ebene nahe dem Kloster Agios Panteleimon war bis 1979 ein Zentrum des Kupferabbaus.

Schlackenhalden aus antiker Zeit sind in der Umgebung noch zahlreich zu finden; viele fallen durch ihre schwarze Färbung auf. *30 km von Nicosia*

Nord-Nicosia **(C 3)**

Wenn der einzige Durchlaß für Ausländer in der Green Line nicht gerade wieder einmal von den griechischen Zyprioten aus politischen Gründen gesperrt wird, ist ein Ausflug in den besetzten Teil der Altstadt von Nicosia problemlos möglich. In einem halben Tag kann man dort sein Bild vom alten Nicosia vervollständigen.

Vom Übergang am alten Ledra Palace Hotel aus geht man auf der Hauptstraße in etwa 10 Minuten zum Kerinia Gate, dem wichtigsten modernen Durchbruch in der mittelalterlichen Stadtmauer im Norden. Folgt man hier der Hauptstraße in die Altstadt hinein, liegt gleich linkerhand das ehemalige Kloster der tanzenden Derwische, heute Museum für die türkisch-zypriotische Volkskunst. Anschließend kommt man zum verkehrsreichen Atatürk-Platz, auf dem die Venezianer bereits 1570 eine antike Granitsäule aus Salamis aufstellten. Ganz in der Nähe ragt das moderne Saray Hotel auf, auf dessen Dach eine Bar und ein Restaurant den ganzen Tag über für Gäste geöffnet hat. Von hier oben aus hat man einen guten Blick über ganz Nicosia und versteht so recht den Wahnsinn der Teilung.

Im Herzen der Altstadt von Nord-Nicosia sind drei Bauwerke die Besichtigung wert: Die ★ *Selim-Moschee*, Anfang des 13. Jhs. als gotische Kirche von den Kreuzrittern in Auftrag gegeben; die große ehemalige Karawanserei *Büyük Han* und die kleinere Karawanserei *Kumarcilar Han.*

Alle Sehenswürdigkeiten sind vormittags geöffnet. Das Währungsmittel in Nord-Nicosia ist die Türkische Lira. Die Banken wechseln Ihnen auch zypriotische Lira um.

Die Kirche St. Barnabas und Hilarion in Peristerona

Peristerona **(C 3)**

Das große Dorf etwas abseits der Hauptstraße von Nicosia ins Troodos-Gebirge lohnt für Fotofreunde einen kurzen Abstecher. Am Ufer eines fast immer wasserlosen Flusses stehen eine Moschee und eine Kirche mit imposanten, wahrscheinlich 1000 Jahre alten Kuppeln einträchtig nebeneinander. Das Kaffeehaus am Kirchplatz bietet eine gute Möglichkeit, zypriotisches Dorfleben in Ruhe zu erleben. *Moschee verschlossen; Kirchenschlüssel im Kaffeehaus. 27 km von Nicosia*

Tamassos **(C 4)**

Vor dem Ortseingang des kleinen Dorfes Politiko, an dessen Rand auch das Agios-Iraklidios-Kloster liegt, weist ein Schild den Weg zu den Königsgräbern von Tamassos. Die für ihren Kupferreichtum berühmte Stadt ruht noch weitgehend unter der Erde, nur einige Grundmauern eines der Aphrodite-Astarte geweihten Tempels und einiger Werkstätten wurden direkt am Parkplatz vor den Gräbern freigelegt.

Die beiden Gräber aus dem 6. Jh. v. Chr. sind von besonderem Interesse, weil sie ganz offenbar in Stein Bauten aus Holz, Stein und Lehm imitieren, in denen die Lebenden wohnten. Die in die Erde hineingebauten Gräber, zu denen Treppen hinunterführen, besitzen Decken aus gewaltigen Kalksteinplatten. Die Deckenbalken, Türrahmen, Scheintüren und Scheinfenster, Fensterbalustraden und Balkenköpfe am Eingang lassen auf Vorbilder in Ägypten und im Nahen Osten schließen. Auch die Kapitellformen an den Eingängen zu den Grabkammern zeigen deutlich, daß Zypern in jenem 6. Jh. v. Chr. noch viel stärker unter vorderasiatischem als unter griechischem Einfluß stand. *Juni–Sept.: Di–Fr 9–15 Uhr, Sa/So 10–15 Uhr; Taschenlampe nützlich; Eintritt 75 c, 20 km von Nicosia*

Vyzakia **(B4)**

An der Straße von Nicosia nach Asinou liegt kurz vor Nikitari das Dorf Vyzakia. Kurz nach Verlassen des Dorfes in Richtung Asinou trifft man auf der rechten Seite in einem Olivenhain auf die winzige Scheunendachkirche der Erzengel mit einigen bemerkenswerten Wandmalereien aus dem 16. Jh., die in einem erfrischend volkstümlichen Stil gemalt sind. *Schlüssel im Kaffeehaus im Dorf erfragen; Spende üblich. 25 km von Nicosia*

Ein bedrohtes Paradies

Die noch intakte Natur im Westen der Insel könnte dem Tourismus zum Opfer fallen

Der Westen der Insel ist dünner besiedelt als das übrige Zypern. Der größte Ort der Region, Pafos, ist sympathisch kleinstädtisch geblieben; der zweitgrößte Ort, Polis, ist kaum mehr als ein großes Dorf. Der Tourismus spielt hier erst seit Mitte der achtziger Jahre eine größere Rolle als die Landwirtschaft; den meisten Hotels sieht man an, daß sie in Zeiten eines wachsenden Umweltbewußtseins entstanden sind.

Das Klima ist im Westen der Insel noch milder und ausgeglichener als anderswo, so daß hier in der Umgebung von Pafos sogar Bananen angebaut werden können. Neben allerlei anderem Obst gedeihen auch Erdnüsse und Tabak; an den Hängen hinter der Küste nehmen Johannisbrotbäume den gleichen Rang wie die Olivenhaine ein; in den Bergen wächst viel Wein.

Industrie fehlt nahezu völlig; die Natur ist noch weitgehend intakt. Im Bezirk von Pafos liegen die dichtesten und meisten Wälder der Insel, darunter auch der Zedernwald im Tal der Zedern. Die Halbinsel Akamas im äußersten Westen Zyperns, die immer noch Truppenübungsplatz für die Briten ist, ist nahezu menschenleer. An ihren Sandstränden legen Meeresschildkröten ihre Eier ab; durch Teile dieser unberührten Natur führen wunderbare Wanderpfade.

Freilich ist auch dieses Paradies in Gefahr. Seitdem sich die Hotels von Pafos aus auch gen Westen an der Küste entlang ausbreiten, werden die Schildkrötenstrände von immer mehr rücksichtslosen Badegästen besucht; die Bewohner der Dörfer am Rande der Halbinsel streben danach, durch den Fremdenverkehr ebenso wohlhabend zu werden wie die einstigen Bauern bei Agia Napa, Larnaka oder Limassol.

Zugleich bewegt man sich im Bezirk von Pafos aber auch in einer sehr geschichtsträchtigen Region. Pafos war schließlich in der Antike ein bedeutendes Stadtkönigreich mit einem weltbedeutenden Pilgerheiligtum

Fischer bei der Arbeit im Hafen von Pafos

MARCO POLO TIPS FÜR PAFOS

1 Alter Hafen
Ständig frischer Fisch
(Seite 65)

2 Haus des Dionisos
Antike Mosaike, die Geschichten erzählen (Seite 66)

3 Folklore-Museum Geroskipou
Sehen, wo die Seide herkommt (Seite 73)

4 Pano Panagia
Bergdorf mit Geschichte
(Seite 72)

5 Kloster Agios Neofytos
900 Jahre alte Porträts eines Eremiten (Seite 69)

6 Polis
Urlaubsort für Rucksacktouristen (Seite 72)

der Aphrodite; in ptolemäischer und römischer Zeit regierten Statthalter von Pafos aus die ganze Insel.

PAFOS

(**A 5**) Die Geschichte prägt das Antlitz von Pafos (25 000 Ew.) bis auf den heutigen Tag. Tavernen und Hotels stehen oft unmittelbar neben antiken und mittelalterlichen Bauwerken, die über das ganze Stadtgebiet verstreut sind. In den schönsten Tavernen der Stadt, denen am Fischerhafen, sitzt man genau dort, wo vor 2000 Jahren Pilger an Land gingen, Schiffe aus dem Zedernholz der Wälder gebaut und die Bodenschätze Zyperns verladen wurden.

Pafos ist heute deutlich dreigeteilt. Da ist einmal Kato Pafos unten am Meer mit seinem 1993 neu gestaltetem Fischerhafen. Nördlich und östlich von ihm ist das weitläufige Hotelviertel entstanden, in das aber auch Wohnhäuser von Einheimischen, Gärten und Brachland eingestreut sind. Die Hotelkette ist inzwischen bis ins Gemeindegebiet von Geroskīpou den Strand entlang gewachsen.

Die meisten Bürger der Stadt wohnen heute noch in der Oberstadt Ktima, die in türkischer Zeit auf einem Plateau etwa 2–3 km landeinwärts aufgebaut wurde. Hier dominieren noch die Geschäfte für den täglichen Bedarf, Schulen und Behörden das Straßenbild, das am Meer von Souvenirgeschäften, Tavernen und Bars geprägt wird.

Und schließlich ist da auch noch Palaia Pafos, der Standort der antiken Stadt, die 321 v. Chr. zugunsten des neugegründeten Nea Pafos aufgegeben wurde, das heute aus den Ortsteilen Ktima und Kato Pafos besteht. Wo einst Palaia Pafos stand, findet man heute das noch sehr ländliche Dorf Kouklia und einige Ruinenfelder der Antike.

In Palaia Pafos hat die Stadtgeschichte begonnen. Im 4. Jh. v. Chr. war die Lage des Orts abseits vom Meer wohl wirtschaftlich nicht mehr tragbar. König Nikokles beschloß, in der Nähe eine neue Stadt zu erbauen, in die dann 321 v. Chr. auch die Mehrheit der Pafier umzogen.

Schon bald darauf übernahmen die ägyptischen Ptolemäer die Herrschaft über die Insel und richteten ihre Verwaltung im neuen Pafos ein. Hauptstadt Zyperns blieb Nea Pafos auch, als die Römer Zypern im Jahre 31 v. Chr. ihrem Reich eingliederten. Ihr als Gouverneur eingesetzter Prokonsul residierte in Hafennähe in einer großen Villa, die mit kunstvollen Bodenmosaiken ausgestattet war. Auch in frühchristlicher Zeit muß Nea Pafos ein bedeutendes Siedlungszentrum gewesen sein, in dem zahlreiche große Basiliken standen. Im Mittelalter nahm das Städtchen dann den provinziellen Charakter an, den es heute noch besitzt.

BESICHTIGUNGEN

Agia Solomoni

Die Felsgräber der heidnischen Welt wurden in christlicher Zeit für verschiedene Zwecke weiterbenutzt: als Steinbrüche, als Gefängnis oder auch als Kapellen. So ist auch das antike Felsgrab der hl. Solomoni als Kapelle eingerichtet worden. Am Niedergang zur Kapelle steht ein auffälliger Baum. An seinen Zweigen sind zahlreiche Taschentücher und andere Stoffetzen angeknotet: Dieser uralte Brauch soll in der Kapelle gesprochene Gebete in ihrer Wirksamkeit steigern. *Apostolos Pavlos Avenue, Eintritt frei*

Hafen

★ Die Mole des heute lediglich noch von Fischer- und Ausflugsbooten genutzten Hafens liegt genau über einer der beiden antiken Molen, von der am Molenende auch noch einige Steinblöcke zu sehen sind. Am Ansatz der Mole befindet sich ein türkisches Fort, das zu besichtigen sich vor allem wegen des Blicks über Pafos lohnt. *Fort: Mo bis Fr 7.30–14.30, Do auch 15 bis 18 Uhr, Sa und So 9–17 Uhr, Eintritt 75 c.*

Königsgräber

Von den Wohnhäusern des antiken Pafos ist nichts erhalten. Eine Vorstellung, wie die reichen Ptolemäer in den beiden letzten vorchristlichen Jahrhunderten wohnten, vermitteln aber auch ihre Gräber. Die schönsten von ihnen sind nahe dem Meer aus dem felsigen Untergrund herausgearbeitet worden. Sie besitzen einen Innenhof, der von Säulen oder Pfeilern umstanden wird. Von ihm gehen die verschiedenen Grabkammern aus. In einem dieser großen Gräber wurde im Innenhof ein gewaltiger Felsblock stehengelassen, in dem eine Treppe zu einem

Verwirrspiel der Namen

Kato Pafos: Der Ortsteil von Pafos, der am Meer liegt.
Nea Pafos: Das gesamte heutige Pafos inklusive der Oberstadt Ktima.
Palaia Pafos (sprich : Palea Pafos): Das antike, vorptolemäische Pafos beim heutigen Dorf Kouklia.
Pafos: Alles zusammen

Brunnen hinunterführt, während andere Teile des Blocks ebenfalls für Grabkammern genutzt wurden.

Neben diesen besonders auffälligen Gräbern haben die Archäologen im fälschlich so genannten Gebiet der Königsgräber auch einfachere Felsgräber gefunden. Könige waren hier auf keinen Fall bestattet, wohl aber wahrscheinlich die jeweiligen ptolemäischen Statthalter der Insel und ihre Familien. *Mo–Fr 7.30–17 Uhr, Sa und So 9–17 Uhr, Eintritt 75 c, Tombs of the Kings Street*

Mosaike

Nordwestlich des Fischerhafens lag das Zentrum der römischen Stadt. Es war von hohen Mauern umgeben, die nicht mehr erhalten sind. Hier standen mehrere großzügige Villen und Verwaltungsbauten, die mit kostbaren Bodenmosaiken verziert waren. Seit ihrer Wiederentdeckung 1962 hat man hier ein ganzes Bilderbuch der antiken Mythologie freigelegt und so sorgfältig restauriert, daß ihr Besuch zu einem der Höhepunkte eines Zypern-Urlaubs werden kann.

Die Mosaike stammen zum größten Teil aus dem 3. und 4. Jh. n. Chr. Ihrer handwerklichen Perfektion und ihrer Vollständigkeit wegen sind sie von der Unesco in die Liste des Weltkulturerbes der Menschheit übernommen worden. Sie verteilen sich auf vier verschiedene Häuser, die die Archäologen jeweils nach einem der darin gefundenen Mosaike benannten. Sie liegen dicht beieinander und können mit einer einzigen Eintrittskarte besichtigt werden.

★ Im Haus des Dionisos ist das große Bildfeld mit den Szenen einer Weinlese besonders betrachtenswert. Es steckt voller lebendiger Details: Hier knabbert ein Hase am Grünzeug, da pickt ein Rebhuhn an den Trauben, schlängelt sich gar züngelnd eine Schlange zu den süßen Früchten hinauf. Ein Arbeiter trägt einen Korb voller Trauben in der Rechten, während er einen zweiten vollen Korb auf der linken Schulter festhält. Anderswo sieht man einen Landarbeiter beim Schneiden der Trauben. Auch den Aufseher mit seiner besseren Kleidung und einem Stock in der Hand kann man deutlich erkennen.

Ein dem Wein verbundenes Thema stellt auch ein anderes Mosaik dar. Man sieht den alten König Ikarios, der in der Linken die Zügel seines Ochsengespanns hält. Die beiden Tiere ziehen einen zweirädrigen Wagen mit Scheibenrädern, auf dem in Ziegenbälgen Wein transportiert wird. Es ist der erste Weintransport der Menschheitsgeschichte; König Ikarios war gerade erst vom Gott Dionisos in die Geheimnisse des Weinanbaus und der Weinherstellung eingeweiht worden. Des Gottes Rat hatte für Ikarios tödliche Folgen: Rechts unten in der Ecke sieht man zwei trunkene Jünglinge. Sie hatten den König gezwungen, sie vom Wein kosten zu lassen, und verfielen daraufhin in einen Tiefschlaf. Was nicht mehr dargestellt wird: Freunde fanden sie kurz darauf und töteten Ikarios, weil sie annahmen, er habe die beiden vergiftet. Den Gott Dionisos kann das nicht erschüttern – er widmet sich der schönen Akmi im linken Teil des Mosaiks.

Ähnlich anschaulich erzählen auch die übrigen Mosaike antike Sagen voller Dramatik und Lebenslust. Wer sie kennenlernen möchte, nimmt am besten an einem geführten Ausflug zu den Mosaiken teil oder kauft sich an der Kasse einen deutschsprachigen Führer.

Vom Haus des Dionisos geht man weiter zum Haus des Aion, in dem auf fünf Bildfeldern weitere mythologische Themen dargestellt sind. Danach kommt man zum Haus des Theseus mit einem ganz außergewöhnlichen Mosaik, dessen Zentrum ein großes, rundes Bildfeld einnimmt. Es zeigt in der Mitte den Athener Helden Theseus, der gerade den wilden Stier Minotaurus im Labyrinth auf Kreta besiegt hat. Die Personifikation des Labyrinths ist links unten neben Theseus dargestellt, der Minotaurus liegt, angenagt vom Zahn der Zeit, rechts unten vor dem Helden. Rechts oben ist die Insel Kreta als König personifiziert; links oben sieht man die Königstochter Ariadne, deren Faden es Theseus ermöglichte, den Weg aus dem Labyrinth heraus zu finden.

Vom Haus des Theseus kommt man abschließend noch ins Haus des Orpheus mit drei weiteren Mosaiken. *Mo–Fr 7.30 bis 17 Uhr, Sa und So 9–17 Uhr, Eintritt 1,50 CYL, oberhalb des Fischerhafens*

Odeon

In unmittelbarer Nähe der Häuser mit den Mosaiken ragt ein kurzer, weißer Leuchtturm aus britischer Zeit in den fast immer blauen Himmel. Unterhalb von ihm haben die Archäologen das römische Odeon freigelegt, ein kleines Theater für lyrische Wettbewerbe und musikalische Aufführungen. Auch heute noch finden hier manchmal Konzerte, Folkloreaufführungen und Theaterdarbietungen von Laiengruppen statt. Sitzt man auf einer der 12 Sitzreihen, blickt man auf eine große Freifläche, die in der Antike voller Leben war – das Forum, also den Marktplatz. *Oberhalb des Fischerhafens*

Paulus-Säule

In der biblischen Apostelgeschichte wird berichtet, daß der Apostel Paulus in Pafos war und hier Gelegenheit hatte, dem römischen Prokonsul die Macht des Christentums zu demonstrieren: Er schlug einen heidnischen Magier mit Blindheit. Die lokale Legende weiß auch, daß Paulus in Pafos ausgepeitscht wurde. Die Säule, an der er während der Auspeitschung festgebunden war, wird noch heute auf dem Gelände einer frühchristlichen Basilika bei der mittelalterlichen Kirche Panayia Chrissopolitissa gezeigt.

Saranda Kolonnes

Eine der am stärksten zerstörten und dennoch schönsten Burgruinen von Zypern steht unmittelbar oberhalb des Fischerhafens. Die Kreuzritter erbauten die Burg gleich nach ihrer Besitzergreifung der Insel 1192, schon 30 Jahre später wurde sie durch ein Erdbeben zerstört und fortan als Steinbruch genutzt. Ihren Namen, der »40 Säulen« bedeutet, erhielt sie, weil man zu ihrem Bau 40 Granitsäulen vom benachbarten römischen Forum wiederverwendete. Sie stützen die Mauern des Burgeingangs im Osten, wurden als Türschwellen und als Barrieren der Futterkrippen in den Pferdeställen verwendet. *Oberhalb des Fischerhafens*

MUSEEN

Archäologisches Bezirksmuseum
Das kleine Museum besitzt edlen Goldschmuck aus dem 15. Jh. v. Chr. bis zum 3. Jh. n. Chr., gute Beispiele für römisches Glas und als Besonderheit eine Reihe römischer Wärmflaschen aus Ton, die in Form und Gestalt männliche Körperteile nachahmen. Vielleicht waren sie eine Spezialanfertigung für einen einzelnen Honoratioren, vielleicht dienten sie aber auch einem Arzt allgemein zur Rheumabehandlung. *Mo–Fr 7.30 bis 14.30 und 15–17 (Do 15–18) Uhr, Sa/So 10–13 Uhr; Eintritt 75 c, Dighenis Street*

Byzantinisches Museum
Die sehr übersichtlich gestaltete Sammlung präsentiert Ikonen vom 12.–18. Jh. sowie liturgische Gewänder und liturgisches Gerät. *Mo–Sa 9–12.30 Uhr, Mo–Fr auch 14–17 Uhr (Juni–Sept. 16–19 Uhr), Eintritt 50 c, Andrea Ioannou Street, Ktima*

Folklore-Museum
In diesem privaten Museum, das in einer Villa aus dem Jahre 1894 eingerichtet ist, sind ansprechend dekoriert verschiedene Objekte aus dem zypriotischen Alltag der letzten Jahrhunderte zu sehen. *Mo–Sa 9–13, Mo–Fr auch 14–17 Uhr, So 10–13 (Mai–Sept. 15–19) Uhr, So 10–13 Uhr, Eintritt 50 c, Exo Vrissi Street 1*

RESTAURANTS

Acropolis (Mousallas)
Großes Restaurant mit herrlichem Panoramablick auf Kato Pafos und das Meer, 100 m vom Byzantinischen Museum entfernt. *Tgl. ab 12 Uhr, Andrea Ioannou Street, Kategorie 2*

Thomas Jungle Café-Pub
Einfaches, schattiges Restaurant in einem grünen Hinterhof an der Straße zwischen der großen Kreuzung und dem Markt von Utima; sehr freundlicher Wirt. *Tgl. ab 10 Uhr, Leoforos Archiepiskopos Makarios, Kategorie 3*

EINKAUFEN

Markthalle
Weil die Markthalle in Ktima viel zu klein ist für all die Bauern, die vor allem am Samstagmorgen ihre Produkte verkaufen wollen, ist rund um sie herum ein besonders lebendiger Wochenmarkt im Freien entstanden. *Agoras Street*

Staatliches Kunsthandwerkszentrum
Souvenirs im Überblick. *Leoforos Apostolu Pavlu*

HOTELS

Annabelle
Erstklassiges Hotel am Meer, nur einen Spaziergang vom Fischerhafen entfernt. Kleiner, aufgeschütteter Sandstrand, 2 Pools. 198 Zi., *Posidonos Street, Tel. 06/23 83 33, Fax 24 55 02, Kategorie 1*

Kinyras
Einfaches Hotel in der Altstadt (18 Zimmer). *Leoforos Archiepiskopos Makarios 91, Tel. 06/24 16 04, Fax 24 21 76, Kategorie 3*

SPORT UND STRÄNDE

Im Stadtgebiet selbst gibt es nur einige kleine, künstlich aufgeschüttete Sandstrände vor den Hotels. Die ersten größeren Strände liegen bei Geroskīpou und unterhalb des alten Leuchtturms am Odeon. Gute Sand-Kies-Strände liegen im Westen von Pafos und sind mit dem Linienbus leicht zu erreichen.

Wassersport kann vor allem von den großen Hotels aus betrieben werden; auch Tauchkurse und -exkursionen werden angeboten. Zyperns erster Golfplatz (18-Loch, 72 Par, 5687 m für Herren, 5222 m für Damen) liegt 10 km außerhalb der Stadt südöstlich des Dorfes Tsada. Greenfee ca. 110 DM an Wochentagen, ca. 125 DM an Wochenenden.

AM ABEND

Dimokritos
Große Taverne mit folkloristischem Programm und ausgezeichnetem Mese, im Hotelviertel. *Tgl. ab 20 Uhr, Agios Antonios Street*

Thessalonikia
Typische Bouzoukia (teuer), unterirdisch. *Mi–Mo 24–6 Uhr, Ikarou Street, Kato Pafos*

AUSKUNFT

Cyprus Tourism Organization
Flughafen, Tel. 06/42 28 33
Gladstone Street 3, Ktima, Tel. 06/23 28 41

ZIELE IN DER UMGEBUNG

Agios Georgios **(A 4)**
Das westlichste Dorf an der Südküste von Zypern liegt zwischen Gärten und Feldern oberhalb des Meeres. Wer sich für die Urlaubsdauer ein Fahrzeug mietet, um zu den Stränden der Umgebung zu gelangen, kann hier in Privatzimmern oder im kleinen Hotel Yeronissos sehr ruhig und weit weg vom Tourismus seine Ferien verbringen.

Einen Abstecher lohnt Agios Georgios aber auf jeden Fall wegen der Überreste dreier frühchristlicher Basiliken in idyllischer Lage. Das Mauerwerk ist teilweise noch brusthoch erhalten, Mosaike zeigen geometrische Muster und Kreuze, aber auch Tiere wie Fische, Vögel und Schildkröten. *Frei zugänglich, Eintritt frei, 20 km von Pafos; Unterkunft: Hotel Yeronissos, Tel. 06/62 10 78, Kategorie 3*

Bäder der Aphrodite (Loutra tis Aphroditis) **(A 4)**
Am Ende eines kurzen, gepflasterten Pfades, der durch ein üppiges Bachtal führt, steht man plötzlich vor einem winzigen Teich, der von einer Quelle in einer Felsgrotte gespeist wird. Ein Feigenbaum überrankt ihn, Farne und Blumen säumen das felsige Ufer. Der Legende nach war dieser idyllische Platz der bevorzugte Badeplatz der schönen Göttin Aphrodite. Eines Tages wurde sie hier vom athenischen Prinzen Akamas überrascht. Zwischen der Himmlischen und dem Prinzen entspann sich eine Lie-

besgeschichte, die das Mißfallen des Göttervaters Zeus erregte. Auf sein Geheiß mußte die Liebesgöttin auf irdische Freuden verzichten und auf den Götterberg Olymp zurückkehren. *Ständig zugänglich, Eintritt frei, 40 km von Pafos*

Coral Bay **(A 4)**
Die weite Bucht mit Sandstrand und flach abfallendem Ufer hat einer neuen, noch immer wachsenden Siedlung aus Ferienhäusern und Geschäften ihren Namen gegeben. Sie dehnt sich inzwischen auch in die Nachbarbucht Corallia Bay aus, deren kleine Strände überwiegend aus Kies bestehen. Zwischen den beiden Buchten springt eine kleine Halbinsel ins Meer vor, auf der die Archäologen die Überreste einer spätbronzezeitlichen Siedlung freilegten, von der insbesondere die 3500 Jahre alte Stadtmauer noch gut zu erkennen ist. *Ausgrabungen nicht zugänglich, 13 km von Pafos*

Drouseia (Druscha) **(A 4)**
Das stille Bergdorf ist für Urlauber, die Ruhe suchen und wandern möchten, für ein paar Tage ein guter Aufenthaltsort. Im Ausland lebende ehemalige Dorfbewohner haben hier ein modernes Hotel mit Pool und Panoramablick erbaut, das »Droshia Heights« (46 Zi., *Tel. 06/33 23 51, Fax 33 23 53; Kategorie 2). 37 km von Pafos*

Emba **(A 4)**
Im Zentrum des Dorfes mit seinen ursprünglich gebliebenen Kaffeehäusern steht die sehenswerte Kirche der Goldgesegneten Allheiligen, der Panagia Chrisseleoussa, aus dem 12. Jh. *4 km von Pafos*

Felsen der Aphrodite **(A/B 5)**
Vor der Kulisse einer langgestreckten Steilküste liegen mehrere einsame Kiesstrände. Den westlichen Abschluß bildet an der jetzt flach gewordenen Küste ein kleiner Strand, vor dem mehrere Felsen aus dem Meer aufragen. Eigentlich heißen sie »Felsen der Romäer«, (Petra tou Romiou), aber die Touristikwerbung nutzt sie als Felsen der Aphrodite und behauptet, daß hier die Göttin Aphrodite aus dem Schaum des Meeres entstiegen sei. *22 km von Pafos*

Geroskopou **(A 5)**
Der Name dieses Dorfes ist mit »Heiliger Hain« zu übersetzen. Er deutet darauf hin, daß es an der Stelle eines einst der Aphrodite geweihten Waldes stand, den die Pilger auf ihrem Wege vom Hafen in Nea Pafos zum Heiligtum in Palaia Pafos durchschritten. Entlang der Hauptstraße wird eine Spezialität des

Pygmalion und Aphrodite

Pygmalion, in der Sage einer der ersten Könige von Pafos, war leidenschaftlicher Bildhauer und glühender Verehrer der Göttin Aphrodite. Er schuf sich ihr Ebenbild aus Stein, bat die Göttin, in die Statue einzufahren – und siehe da: die marmorne Dame wurde lebendig und als Galatea, »die Milchweiße«, seine Frau.

Fischkutter im Hafen von Lakki

Dorfes zum Kauf angeboten, Lukumia. Lukumia ist eine mit Puderzucker bestäubte, fruchtgeleeartige Masse, die sehr gern wie ein Praliné gegessen wird. Auf den Nebenstraßen sieht man im September/Oktober dichte, braun-grüne Teppiche: zum Trocknen ausgelegte Erdnußpflanzen. Buntes Treiben herrscht auf der neu gestalteten Platia im Zentrum, auf der auch des Dorfes größte Sehenswürdigkeit steht: die sehr alte Kirche der Agia Paraskevi. Ihre einfachen, unbeholfen wirkenden Kuppeln lassen eine Entstehung im 9. oder 10. Jh. vermuten; einige Wandmalereien im Innern, auf denen noch keine menschlichen Figuren abgebildet sind, sondern nur stilisierte Pflanzen und Kreuze, sprechen für eine Entstehung noch vor etwa 850.

Unweit der Kirche steht ein ★ Folklore-Museum, in dem man zum Beispiel auch sehen kann, wie noch bis zum Zweiten Weltkrieg in Geroskipou Seidenraupen gezüchtet und Seide gewonnen wurde. *Kirchenschlüssel beim Schuster am Dorfplatz; Spende üblich. Museum Mo–Fr 7.30–14.30 Uhr, Sept.–Juni Do auch 15–18 Uhr; Eintritt 50 c, 3 km von Pafos*

Kouklia (Palaia Pafos) (A 5)

Auf einem flachen Plateau über der grünen Küstenebene westlich von Pafos stand in der Antike das bedeutendste Aphrodite-Heiligtum Zyperns. Hierher kamen insbesondere in römischer Zeit Pilger aus der ganzen antiken Welt, um an geheimnisvollen Zeremonien teilzunehmen, mit denen sie sich unter den besonderen Schutz der Göttin stellen konnten. Bekannt ist nur, daß dazu die orientalische Sitte der Tempelprostitution gehörte. Jede pafische Frau mußte sich vor ihrer Verheiratung einmal im Heiligtum einem ihr völlig fremden Pilger hingeben.

Das antike Heiligtum, von dem nur noch äußerst spärliche Überreste zu sehen sind, bestand ursprünglich aus einem abgeschlossenen Hof, in dem die Göttin in Form eines großen, dunklen Steins verehrt wurde. In römischer Zeit entstand am Eingang zum Heiligtum ein großer Hof, der von Säulenhallen umgeben war, von denen noch Mosaikreste und Grundmauern zu sehen sind.

Unmittelbar neben den Ausgrabungen steht, von der Küstenstraße aus schon gut erkennbar, der befestigte Gutshof Covocle, heute Museum. Darin sieht man auch einen Stein, der vielleicht das Kultobjekt im Heiligtum war. Auch der Gutshof selbst ist von historischem Interesse. In seiner heutigen Form stammt er überwiegend aus türkischer Zeit. Eine große gotische Halle weist jedoch deutlich darauf hin, daß hier in fränkischer Zeit die Zuckerrohrplantagen der Könige von Zypern verwaltet wurden. *Mo–Fr 7.30–14.30, Sa/So 9–16 Uhr, Eintritt 75 c, 15 km von Pafos*

Lakki (Latchi) **(A 4)**

Der kleine Ort mit einem der – so wird gesagt – schönsten Fischerhäfen der Insel ist interessant als Ausgangspunkt für herrliche Bootsfahrten entlang der Akamas-Halbinsel mit ihren kleinen Stränden. Sehr zu empfehlen ist die stimmungsvolle Taverne »Porto Latchi« *(tgl. 8–24 Uhr, Kategorie 2)*, die sich in einem restaurierten, 300 Jahre alten Lagerhaus für Johannisbrot befindet. *36 km von Pafos*

Lemba **(A 4)**

In Lemba arbeiten Maler, Bildhauer und Töpfer. Nahe der Straße von Lempa zum Meer ist nicht nur die Ausgrabung einer bronzezeitlichen Siedlung, sondern gleich daneben auch die Rekonstruktion dieses über 4500 Jahre alten Dorfes zu sehen. Frei zugänglich. *7 km von Pafos.*

Moni Agiou Neofytou **(A 4)**

★ Am Hang des 613 m hohen Berges Charta steht, vom Meer aus nicht sichtbar, am Ende eines grünen Tals, eines der schönsten Klöster Zyperns. Es ist einem zypriotischen Heiligen geweiht, der hier 1159 eine Einsiedelei gegründet hatte, die bald zahlreiche fromme Männer anlockte. Sie lebten in Höhlen in einer Felswand, die schon der Heilige auszubauen begonnen hatte. Heute noch kann man die kleine Höhlenkirche, die erste Klause des Neofytos und seine von ihm selbst geschaffene Grabstätte sehen. Diese Höhlen sind im Auftrag des Heiligen ausgemalt worden. Zwei von ihnen zeigen Neofytos selbst. Einmal steht er zwischen zwei Engeln, ein anderes Mal kniet er vor dem Thron Christi, neben dem auch Maria und Johannes stehen. Die heutigen Klostergebäude gegenüber den Felshöhlen gehen bis ins 15. Jh. zurück. Im idyllischen Klosterhof steht die Kirche, in der auch die Schädelreliquie des hl. Neofytos verwahrt wird. Das Gewölbe des linken Seitenschiffs ist mit Wandmalereien aus der Zeit um 1500 geschmückt. *Tgl. von Sonnenauf- bis -untergang, Eintritt 50 c, 8 km von Pafos*

Moni Panagias Chrysorrogiatissa **(A 4)**

Das im 12. Jh. gegründete Kloster steht weit hoch über einem Tal in den westlichen Ausläufern des Troodos nahe beim Dorf Pano Panagia. Auf dem Vorplatz fallen die zahlreichen Lehmbacköfen auf, direkt neben dem Eingang die schattige Klostertaverne, auf deren Terrasse man die ausgezeichneten Klosterweine kosten kann. Ihr Wirt ist der Bruder des Abtes.

Im Zentrum des außergewöhnlich engen Klosterhofes steht die der Gottesmutter geweihte Kirche mit einer wundertätigen Marienikone, die der Legende nach vom Evangelisten Lukas gemalt wurde. Am Klosterhof liegen auch ein kleiner Weinverkaufsladen und Räumlichkeiten, in denen alte Ikonen restauriert werden. Die Weinkellerei des Mönchsklosters kann zwischen September und Frühjahr vormittags besichtigt werden. *Ständig zugänglich, Eintritt frei, 36 km von Pafos*

Pano Panagia (Panayia) (A/B 4)

★ Schon auf der Fahrt in das Bergdorf im Westen des Troodos merkt man, daß Touristen hier noch selten sind. Man passiert einfache Tavernen im bräunungsfeindlichen Schatten hoher Platanen und kommt an eigenartigen Kesseln vorbei, in denen Köhler Holzkohle produzieren.

Im Dorf laden nicht nur urige Kaffeehäuser zur Rast ein, sondern auch das Geburtshaus des Erzbischofs Makarios zu einer Besichtigung. Man erfährt, in welch ärmlichen Verhältnissen der spätere Führer der griechischen Zyprioten seine frühe Kindheit verbrachte. *Geburtshaus tagsüber geöffnet, Eintritt frei, 37 km von Pafos*

Polis (A 4)

★ Polis ist vor allem ein Ziel für jüngere Individualurlauber, die es schätzen, daß hier größere Hotelanlagen fehlen. Man wohnt privat, in Apartments oder einfachen kleinen Pensionen sowie auf dem Campingplatz in einem Eukalyptuswald. Zum Baden geht man an den langen Kiesstrand, der von Polis bis hinter Lakki reicht. *37 km von Pafos*

Stavros tis Psokas (B 4)

Mitten in der Waldeinsamkeit des westlichen Troodos findet sich eine Station der Staatlichen Forstverwaltung. Ein Kaffeehaus ist Restaurant und Gemischtwarenhandlung in einem. Unmittelbar darunter kann jeder, der Holzkohle und Fleisch mitgebracht hat, auf einem großen, schattigen Grillplatz mit Tischen und Bänken ein zünftiges zypriotisches Grillpicknick veranstalten. In einem Gehege sieht man einige Mufflons, die an Menschen gewöhnt sind. *44 km von Pafos*

Tal der Zedern (Cedar Valley) (B 4)

Zypern war noch in der Antike von großen Zedernwäldern bedeckt; obwohl die jahrtausendelange Kupferverhüttung den Baumbestand schon in der Antike lichtete. Später sind die Bäume dem Schiffsbau, dem Häuserbau und der Holzkohlengewinnung zum Opfer gefallen. Die britischen Kolonialherren begannen in den dreißiger Jahren in einer Waldregion am Berg Tripilos mit der Wiederanpflanzung von Zedern, so daß hier jetzt über 30 000 meist stattliche Exemplare gedeihen. Den besten Blick übers das Tal der Zedern gewinnt man, wenn man den ausgeschilderten Wanderweg auf den 1362 Meter hohen Berg Tripilos zumindest für ein halbes Stündchen bergan geht. *52 km von Pafos (über Stavros tis Psokas)*

Berge und Klöster

Das Gebirge um den Olympos, den höchsten Berg der Insel, ist voller malerischer Überraschungen

Von Ferne mag man es kaum glauben, daß der höchste Gipfel des Troodos, der Olympos, fast 2000 Meter hoch ist. Ob man nun in Nicosia oder Limassol steht, immer meint man, das ganze Gebirge im Blick zu haben, und man traut dem Olympos höchstens die Hälfte seiner Höhe zu. Denn der Troodos gibt sich wie ein Mittelgebirge nahezu ohne steile Felswände, dafür mit umso mehr Hügeln und Wäldern. Erst wenn man ihn durchfährt oder durchwandert, stellt man seine Vielseitigkeit fest, merkt, daß sich hier Höhenzug hinter Höhenzug staffelt, als gebe es kein Ende für diese Berge.

Von vielen Gipfeln aus hat man einen weiten Blick bis hinunter ans Meer oder auf die Mesaoria-Ebene. In den Dörfern geht das Leben noch einen beschaulicheren Gang als unten an der Küste, in einsamen Landstrichen stößt man immer wieder auf sehr interessante, noch bewohnte Klöster und jahrhundertealte Kirchen, in denen sich häufig mittelalterliche Wandmalereien erhalten haben.

Das Kykko-Kloster ist ein vielbesuchtes Wallfahrtsziel im Troodos

Das Troodos-Gebirge ist durch Asphaltstraßen und Waldwege, die vor allem der Forstwirtschaft und dem Brandschutz dienen, bestens erschlossen. In einigen Dörfern stehen Hotels; Kaffeehäuser und Tavernen findet man fast überall. In der Nähe des Olympos sind zahlreiche Wanderwege gut markiert, Naturlehrpfade erschließen dem Neugierigen auch die Pflanzenwelt der Insel.

In den Bergen statt am Meer zu wohnen, ist auf Zypern eine echte Urlaubsalternative; denn mit dem Mietwagen ist man schnell für ein erfrischendes Bad am Meer, um sich dann wieder in die Ruhe dieser herrlichen Landschaft zurückziehen zu können.

Die Menschen im Troodos leben freilich nur zu einem geringen Teil vom Fremdenverkehr. Wenn sie nicht in den Küstenstädten arbeiten und täglich pendeln, ernähren sie sich zumeist von der Landwirtschaft: dem Weinanbau, dem Obstanbau und der Viehzucht. Der Bergbau, der noch bis vor wenigen Jahren im Troodos eine bedeutende Rolle spielte, weil insbesondere Chrom und Asbest abgebaut wurden, ist inzwischen völlig zum Erliegen gekommen.

SEHENSWERTE ORTE

Agros **(B–C 4)**
Das große Dorf im Osten des Troodos liegt bildschön 1000 Meter hoch zwischen terrassierten Weingärten. Oberhalb des Dorfes steht die Scheunendachkirche der Metamorfosis mit herrlichen byzantinischen Wandmalereien.

Pano Amiandos **(B 4)**
Pano Amiandos ist ein ehemaliges Bergarbeiterdorf, das unmittelbar vor dem Schandfleck des Gebirges liegt: nämlich einer ausgedehnten Abraumhalde und kahlen, nackten Berghängen. Hier wurde bis in die achtziger Jahre Asbest abgebaut; jetzt steht das Gelände zur Wiederaufforstung an.

Galata **(B 4)**
Galata liegt im Solea-Tal am Nordhang des Troodos zwischen Obstbäumen und schlanken Pappeln auf gut 600 Meter Höhe. Schon im Mittelalter kamen venezianische und byzantinische Edelleute gern an heißen Sommertagen hierher, heute ist Galata eins der Dörfer, in denen sich die hitzegeplagte Stadtbevölkerung aus Nicosia abends und an Wochenenden gern aufhält. Im Dorf stehen noch einige alte Häuser aus dem letzten Jahrhundert, darunter die restaurierte Karawanserei *Hani Kalliana* unmittelbar an der Durchgangsstraße. Zudem besitzt Galata noch vier byzantinische Scheunendachkirchen, von denen zwei wegen ihrer Wandmalereien und ihrer fotogenen Umgebung unbedingt einen Besuch lohnen: die Kirchen Panayia Podithu und Archangelos. Den Schlüssel zu ihnen erfrage man entweder im großen Kaffeehaus an der Platia von Galata oder im Pfarrhaus gegenüber der Schule.

Die *Panagia Podithu* wurde 1502 als Kirche eines jetzt spurlos verschwundenen Klosters erbaut. Ihr Freskenschmuck verrät deutlich den Einfluß der italienischen Renaissance, zum Beispiel in den Architekturfassaden im Hintergrund vieler Darstellungen oder auch in der von den Erzengeln flankierten Allheiligen in der Apsiswölbung. Der Auftraggeber für diese Malereien war gemäß einer Stiftungsinschrift ein fränkischer Offizier, der sich für die von ihm

MARCO POLO TIPS IM TROODOS

1 **Olympos**
Mit dem Auto auf Zyperns höchsten Berg (Seite 80)

2 **Troodos**
Zu Fuß die Natur kennenlernen (Seite 82)

3 **Kykko-Kloster**
Reichtum bis auf den heutigen Tag (Seite 78)

4 **Kloster Trooditissa**
Schön durch Bescheidenheit (Seite 82)

5 **Hotel Forest Park**
Urlaub in 1500 Meter Höhe (Seite 83)

6 **Restaurant Psilo Dendro**
Forellen frisch vom Züchter (Seite 83)

finanzierten Malereien offenbar absichtlich einen Künstler aussuchte, der nach seinem Geschmack malte.

Die viel kleinere, nur wenige Schritte entfernt gelegenen *Kirche der Erzengel* (Archangeli) aus dem Jahre 1514 hingegen besitzt Wandmalereien in einem sehr rustikalen, gar nicht von der Renaissance beeinflußten Stil, obwohl auch hier der Stifter ein fränkischer Edelmann war. Zusammen mit seiner Familie ist er auf einem der Fresken unterhalb des thronenden Christus dargestellt.

Kakopetria **(B 4)**
Das Dorf, dessen Name übersetzt »Schlechter Fels« bedeutet, schließt sich unmittelbar oberhalb an Galata an und ist sehr viel stärker noch als jenes eine vielbesuchte Sommerfrische. Der historische Ortskern, der unter Denkmalschutz steht, ist auf einen langgestreckten Fels zwischen zwei Bachbetten in einem ohnedies schon engen Tal auf etwa 700 Meter Höhe erbaut.

Für Hitzegeplagte noch interessanter sind die schattigen Tavernen an einer alten Wassermühle und auf dem großen Dorfplatz, in denen an Sommerabenden ohne Unterlaß gegrillt wird, um all die fröhlichen Besucher zufrieden zu stellen.

5 km außerhalb von Kakopetria ist ein Juwel der byzantinischen Kunst zu finden: die Kirche *Agios Nikolaos tis Stegis* aus dem 11. Jh. *(tgl., außer Mo, 8–13 und 14–17 Uhr, Eintritt frei)*. Ihre Wandmalereien gehören zu den Meisterwerken des Mittelalters, stammen aus verschiedenen Jahrhunderten und veranschaulichen unterschiedliche Stilrichtungen. Die frühesten Malereien aus dem 11. Jh. zeigen Figuren mit recht starrer Haltung und starrem Gesichtsausdruck, zu sehen beispielsweise bei Christi Einzug in Jerusalem oder der Erweckung des Lazarus. Die Figuren aus dem 12. Jh. sind schon ausdrucksstärker, wirken aber immer noch stereotyp, wie etwa die 40 Märtyrer von Sebaste oder die Darstellung des Jüngsten Gerichts.

Naiv-lebendig geben sich die Fresken aus der Mitte des 14. Jhs. wie die Szene von Christi Geburt, westlichen Einfluß verraten einige Soldatenheilige mit Kettenhemd und liliengeschmückten Beinkleidern wie die hl. Theodorus und Georg aus der Spätzeit des 14. Jhs.

Kalopanagiotis **(B 4)**
Ganz in der Nähe von schwefelhaltigen Thermalquellen, die auf zypriotische Art für Kuren genutzt werden, liegt im unteren Marathassa-Tal auf etwa 750 Meter Höhe das Bergdorf Kalopanagiotis. Fremde kommen kaum der Heilquelle wegen hierher, sondern um das ehemalige Kloster *Agios Giannis Lampadistis* zu besichtigen.

Das Kloster, (Schlüssel beim Dorfpriester) steht leicht erhöht über einem Bachtal und birgt wertvolle Fresken, die vorwiegend aus dem 13. und 15. Jh. stammen. In den ehemaligen Klosterzellen wurden liebevoll alte landwirtschaftliche Geräte wie eine Öl- und eine Weinpresse installiert.

Kourdali **(B 4)**
Urlauber, die Geschmack am Studium der byzantinischen Kir-

chen und Wandmalereien der Insel gefunden haben, können auch noch einen Abstecher ins Dorf Kourdalī nahe der Straße von Kakopetria nach Troodos machen. Dort besitzt die Mariä Entschlafung geweihte Kirche, zu der man über eine venezianische Brücke gelangt, noch eine Reihe von Wandmalereien aus dem 16. Jh. Die Ikonostase und ihre Ikonen stammen aus der gleichen Zeit.

Kykko-Kloster **(B 4)**

★ Kykko ist Zyperns berühmtestes Kloster. Weitab von jedem Dorf liegt es in 1140 Meter Höhe einsam am Hang des gleichnamigen Bergrückens. Hinter seinem gestrengen Äußeren verbergen sich zwei Innenhöfe mit leichten Arkaden und prachtvollen Mosaiken auf Goldgrund; die Kirche ist gerade vollständig ausgemalt worden; das Kloster, das auch noch ein kleines Museum besitzt, das Schätze aus vergangenen Jahrhunderten verwahrt und ausstellt. Sämtliche Klostergebäude, nach einem Brand im Jahre 1813 neu entstanden, sind außerordentlich gepflegt.

Wegen seiner religiösen und geschichtlichen Bedeutung ist das Kloster ein viel besuchtes Wallfahrtsziel der Zyprioten. Im Sommer und an allen Wochenenden herrscht hier ein buntes Treiben, an Sonntagvormittagen finden in Kykko meist viele Taufen statt.

Das wichtigste Kultobjekt im Kloster ist eine Marienikone, die

Das prachtvoll geschmückte Portal des Kykko-Klosters

der Evangelist Lukas auf einem ihm von einem Erzengel dafür übergebenen Holzbrett malte. Die Ikone war ein Geschenk des byzantinischen Kaisers zur Klostergründung im Jahre 1080. Die Ikone, die heute an der Ikonostase hängt und mit Silber und Gold bedeckt ist, bewirkte viele Wunder. Insbesondere brachte sie ganzen Landstrichen, die unter Trockenheit zu leiden hatten, den langersehnten Regen. Zum Dank dafür wurde das Kloster immer wieder reich beschenkt und sammelte so seinen Reichtum an. Ihm gehören Hotels und Industriebetriebe sowie immer noch viele Ländereien auf Zypern; um das Kloster herum sind hotelähnliche Pilgerherbergen, zahlreiche vom Kloster verpachtete Souvenirstände und ein klostereigenes Restaurant entstanden, das als größtes der Insel gilt. Die gerade erst im letzten Jahrhundert entstanden Mosaike und Wandmalereien zeugen ebenfalls von Wohlstand. Kykko ist aber nicht nur ein religiöses, sondern auch ein nationales Wallfahrtsziel der griechischen Zyprioten. Nahe des Klosters hatte General Grivas, der Führer des Befreiungskampfes gegen die Briten, sein Hauptquartier aufgeschlagen. Die Mönche unterstützten ihn nachhaltig. Zugleich war einer der ihren, nämlich Erzbischof Makarios, der geistige Führer der Freiheitsbewegung. Makarios liegt auch nahe Kykko bestattet. Eine gute Asphaltstraße führt hinauf auf den 2 km entfernten Berg Throni, wo Soldaten an seinem Grab die Ehrenwache halten. In der Nähe des Grabes steht auch noch eine kleine Kapelle mit einer modernen Mosaikikone der Gottesmutter von Kykko. An einem Baum neben der Kapelle haben Gläubige Tücher festgeknotet, die die Wirksamkeit ihrer Gebete erhöhen sollen. *Kloster und Grab tagsüber geöffnet, Eintritt frei (Kloster-Museum 50 c.)*

Lagoudera **(B-C 4)**

Am Rande des stillen Bergdorfes im östlichen Troodos steht die besonders schöne Kirche der Panagia tu Araku. Der überkuppelte Bau aus dem späten 12. Jh. wurde in der Kreuzritterzeit zusätzlich mit dem für den Troodos typischen Scheunendach geschützt, das hier fast bis auf den Boden heruntergezogen ist. Die Fresken im Innern der Kirche wurden um 1200 von einem Meister aus der Reichshauptstadt Konstantinopel geschaffen. Sie sind ein Beispiel für den die Kunst der Antike reflektierenden Stil der komnenischen Zeit und beeindrucken durch die Würde, die Ausdrucksstärke und die Bewegtheit ihrer Figuren.

Den Schlüssel zur Kirche verwahrt der Dorfpriester, der entweder im ehemaligen Klostertrakt neben der Kirche oder in einem Kaffeehaus zu finden ist. *Eintritt frei, Postkartenkauf wird erwartet.*

Louvaras **(C 4)**

Für Freunde der byzantinischen Kunst lohnt sich ein Abstecher in dieses Dorf im Süden des Troodos, in dessen Zentrum die Kirche des Agios Mamas mit Wandmalereien aus dem Jahre 1495 steht. Sie stammen vom gleichen Maler wie die von Stavros tou Agiasmati und zeigen neben

Heiligen und Szenen aus der Passionsgeschichte auch mehrere Wunder Christi sowie neben der Stiftungsinschrift die beiden Ehepaare, die für die Ausmalung der Kirche gezahlt haben. *Den Schlüssel erhalten Sie beim Dorfpriester.*

Monagri **(B 4)**
Wie so viele Dörfer im Troodos ist auch Monagri ein lohnendes Ziel für ausgesprochene Liebhaber der byzantinischen Kunst. Der Dorfpriester verwahrt die Schlüssel zu den Kirchen Agios Georgios mit Wandmalereien aus dem späten 15. Jh., Archangelos Michail mit Wandmalereien aus dem 18. Jh. und zur besonders interessanten Kirche der Panagia Amasgu, deren Freskenschmuck aus verschiedenen Epochen zwischen etwa 1110 und 1564 stammt.

Moutoullas **(B 4)**
Im fruchtbaren Marathasa-Tal, das auf Zypern vor allem wegen seiner 90 000 Kirschbäume bekannt ist, liegt in 800 Meter Höhe das große Dorf, in dem alte Traditionen lebendig sind. Tischlereibetriebe fertigen unter anderem noch Tröge, in denen früher der Brotteig geknetet wurde, und lange Bretter mit muldenförmigen Vertiefungen, in denen man das Brot zum Backofen trug. Auf den Terrassen mehrerer Häuser wird Dschudschuko gekocht und getrocknet, jene zypriotische Spezialität in Wurstform aus Traubenmost und Nüssen. Eine Quelle im Ort liefert das Tafelwasser, das unter dem Namen des Dorfes überall auf Zypern verkauft wird. Es lohnt sich, einen Bummel durchs Dorf zu unternehmen. Wer keine Kirche auslassen möchte, kann auch noch die Panagia tou Moutoullas mit einigen schlecht erhaltenen Wandmalereien aus dem Jahre 1280 besichtigen. *Schlüssel im anliegenden Haus.*

Olympos **(B 4)**
★ Zyperns höchster Berg, der 1951 Meter hohe Olympos, ist bequem mit dem Auto zu erreichen. Auf seinem Doppelgipfel stehen Antennenanlagen des britischen Militärs und Sendemasten des zypriotischen Fernsehens, die weithin sichtbar den Berg markieren. Vom Gipfel aus hat man einen weiten Rundblick bis hinüber zum Kyrenia-Gebirge und nach Nicosia, auf die Mesaoria-Ebene und die Bucht von Morphu, aufs Kykko-Kloster und Prodromos, zum Berg Kionia oberhalb des Machairas-Klosters und auf die lockeren Wälder der Gipfelregion, die zwischen Januar und März meist tiefverschneit sind. Von der Asphaltstraße zwischen dem Gipfel und dem Ort Troodos führen beschilderte Wanderwege ab, so daß man hier oben auch kürzere Spaziergänge unternehmen kann.

Omodos **(B 4)**
Im Zentrum des Weinbauerndorfes an einem Berghang gegenüber von Pano Platres steht am unteren Ende des schönen Dorfplatzes das nicht mehr bewohnte Kloster Stavros. In der Klosterkirche werden die Schädelreliquie des Apostels Philipp sowie Stücke vom Kreuz und den Fesselstricken Christi verwahrt. Im ehemaligen Kapitelsaal des

Klosters mit seiner bemerkenswerten Holzdecke sind Erinnerungsstücke an die Freiheitskämpfer ausgestellt, die das Kloster von 1955 bis 1958 als Unterschlupf benutzten, in einigen anderen Räumen sind landwirtschaftliche und häusliche Geräte vergangener Zeiten aufgestellt.

Nahe dem Kloster können mehrere traditionelle Häuser, zwei historische Weinpressen, die unter Denkmalschutz stehen, und das Atelier der Künstlerin besichtigt werden, die auch die modernen Glasfenster für die Klosterkirche hergestellt hat. Die Weinkellerei Olympus am Dorfrand steht Besuchern *Mo – Fr von 10–16 Uhr* offen.

Palaichori **(C 4)**
Das noch sehr ursprüngliche Dorf an der Straße von Nicosia über Agros nach Limassol besitzt zwei sehenswerte Kirchen mit schönen Fresken. Die Kirche der Metamorfosis erhebt sich auf einem Hügel über dem Ort und ist vollständig mit sehr gut erhaltenen Wandmalereien aus dem frühen 16. Jh. geschmückt. Eine der hochinteressanten Darstellungen zeigt das Gastmahl des Abraham, der drei Engel an einem halbkreisförmigen Tisch bewirtet. Vor dem Tisch trinkt ein Zicklein gerade beim Muttertier.

Die Kirche der Panagia Chrisopantanassa auf dem Dorfplatz besitzt vier Freskenzyklen aus dem 16. Jh., die allerdings noch nicht gereinigt wurden und daher nur schlecht zu erkennen sind.

Den Schlüssel für die Kirchen kann man beim Dorfpriester erfragen.

Pedoulas **(B 4)**
Am oberen Ende des Marathasa-Tals liegt in 1170 Meter Höhe Pedoulas, ein großes Dorf inmitten von Kirschgärten, das leider durch viele Wellblechdächer an Reiz verliert. Liebhaber der byzantinischen Kunst finden nahe der modernen Hauptkirche im Unterdorf die Scheunendachkirche des Erzengels Michael mit Wandmalereien aus dem späten 15. Jh. Den Schlüssel erhält man im Nachbarhaus oder vom Dorfpriester.

Pano Platres **(B 4)**
Die Sommerfrische in 1100 Meter Höhe ist mit zahlreichen Hotels und Tavernen das touristische Zentrum des Troodos-Gebirges. Im Hochsommer und während der Skisaison im Januar und Februar herrscht hier ein Betrieb, der dem an den Küsten nicht nachsteht. Für Ausflüge in andere Teile des Gebirges ist Pano Platres ein guter Standort; Sehenswürdigkeiten besitzt der Ort selbst aber nicht.

Prodromos **(B 4)**
Der nach Johannes dem Täufer benannte Ort in 1400 Meter Höhe ist Zyperns höchstgelegenes ständig bewohntes Dorf.

Stavros tou Agiasmati **(C 4)**
Fernab von jedem Dorf steht im östlichen Troodos inmitten der bewaldeten Berge das einsame Scheunendachkirchlein Stavros tou Agiasmati. Hat man zuvor den Schlüsselverwahrer in einem der Kaffeehäuser des 4 km entfernten Dorfes Platanistassa abgeholt, kann man auch den Freskenschmuck im Innern betrachten. Von besonderer Be-

deutung sind die Malereien in einer Mauernische in der linken Kirchenwand. Sie stammen aus dem 15. Jh. und zeigen in mehreren Szenen zum einen die Bekehrung des römischen Kaisers Konstantin zum Christentum, zum anderen die Auffindung des wahren Kreuzes Christi durch seine Mutter Helena.

Trooditissa-Kloster **(B 4)**

★ Anders als Kykko wirkt das Kloster Trooditissa sehr bescheiden. Seine Mönche widmen sich nicht der Wirtschaft und Politik, sondern dem Apfelanbau und der Viehzucht. In der Klosterkirche aus dem Jahre 1731 hängt die mit Silberblech beschlagene Ikone der Gottesmutter, die das Pilgerziel vieler Frauen ist, die sich schon lange vergeblich ein Kind wünschen. Der enge Klosterhof strahlt große Ruhe aus; Mönch Barnabas, der für die Touristenbetreuung zuständig ist und auch etwas Deutsch spricht, ist Besuchern gegenüber freundlich und hilfsbereit.

Troodos **(B 4)**

★ In 1700 Meter Höhe ist dicht unterhalb des Olympos ein kleines Ferienzentrum entstanden, in dem fast jeder Troodos-Besucher Rast macht. Mehrere Tavernen, zwei Hotels, ein Campingplatz, ein Reitstall mit Mietpferden und eine Tennisanlage stehen zur Verfügung; im Winter kann man am Wege von Troodos auf den Olympos sogar Skier ausleihen.

In Troodos beginnt ein sehr gut markierter und nahezu eben in 1700 Meter Höhe fast ganz um den Olymp herumführender Naturlehrpfad, der mit Pflanzen und geologischen Erscheinungen bekanntmacht und zugleich viele schöne Ausblicke ermöglicht. Er ist 12 Kilometer lang und mündet auf die Straße von Prodromos nach Troodos, auf der man die restlichen 4 km in den Ort zurückwandern kann. Der Wanderweg erfordert keinerlei Anstrengungen und ist auch in Turn- und Freizeitschuhen leicht zu begehen. Am Beginn des Wegs liegen in einem Kasten Broschüren aus, die die Sehenswürdigkeiten am Wegesrand auch auf deutsch erläutern. Man kann die Broschüre aber auch schon vor der Abreise nach Zypern bei der Fremdenverkehrszentrale anfordern.

RESTAURANTS

Restaurants finden sich auch im Gebirge in ausreichender Zahl. Besonders zahlreich sind sie in Kakopetria, Pano Platres und Troodos; essen kann man aber auch am Kykko-Kloster, in Omodos und Pedoulas, in Prodromos und Agros.

Weitere Lokale finden sich an den Hauptstraßen durchs Gebirge. Drei Restaurants verdienen besondere Erwähnung.

Danae

Sehr einfache Taverne, spezialisiert auf Scheftalia in Fladenbrot. *Tgl. ab 9 Uhr, Dorfplatz von Kakopetria, Kategorie 3*

Maryland

Gepflegtes Restaurant in einem innen wie außen äußerst originellen Bau an der alten Wassermühle. Großartige Aussicht! *Tgl. ab 12 Uhr, Kakopetria, Kategorie 2*

Eigenwillig

Wie so viele Klostergründungen auf Zypern geht auch die von Trooditissa auf die wundersame Aufforderung durch eine Ikone zurück. Einsiedler hatten das Marienbildnis vor 1000 Jahren in einer Höhle gefunden und begannen sogleich, am Fundort für die Ikone eine Kapelle zu errichten. Was sie am Tag geschaffen hatten, war morgens immer wieder eingestürzt; die Ikone verschwand mehrmals und wurde von den frommen Männern immer an der gleichen Stelle, einem Brunnen am Standort des heutigen Klosters, wiedergefunden. Da wurde ihnen klar, wo Maria ihre Kirche gebaut haben wollte. Das Wunder lockte andere fromme Männer an; die Mönchsgemeinschaft war entstanden.

Psilo Dendro
★ Restaurant bei Pano Platres mit Kamin und großem Gastgarten unter hohen Platanen; köstlich: die Forellen aus eigener Zucht. *Tgl. 9–16 Uhr, Pano Platres, Kategorie 2*

HOTELS

Forest Park
★ Bestes Hotel im Gebirge, englische Atmosphäre. 137 Zi., *Pano Platres, Tel. 02/42 17 51, Fax 42 18 75, Kategorie 1*

Jack's
Einfache Pension. 20 Zi., *Pedoulas, Tel. 02/95 23 50, Fax 95 28 17, Kategorie 3*

Jubilee
Älteres Hotel oberhalb des Ortes Troodos an der Straße zum Olympos. 37 Zi., *Troodos, Tel. 05/42 16 47, Fax 42 16 28, Kategorie 2*

Loutraki
Recht einfache Pension, die überwiegend von einheimischen Kurgästen besucht wird. 11 Zi., *Kalopanagiotis, Tel. 02/95 23 56, Kategorie 3*

Pendeli
Modernes, gut ausgestattetes Hotel mit Pool, im Ortszentrum gelegen. 81 Zi., *Pano Platres, Tel. 05/42 17 36, Fax 42 18 08, Kategorie 2*

Rialto
Einfaches Hotel, das sich an der Ortsgrenze von Galata und Kakopetria befindet. 29 Zi., *Galata, Tel. 02/92 24 38, Kategorie 3*

Rodon
Modernes Hotel mit Pool, das einer umfangreichen Gemeinschaft von Dorfbewohnern gehört. 155 Zi., *Agros, Tel. 05/52 12 01, Fax 52 12 35, Kategorie 2*

Troodos Sunotel
Das 1989 völlig modernisierte Hotel liegt auf 1700 m Höhe im winzigen Ortszentrum von Troodos, 48 Zi., *Troodos, Tel. 05/42 16 35, Fax 42 25 00, Kategorie 2*

AUSKUNFT

Cyprus Tourism Organization
Platres, im Ortszentrum, Tel. 05/42 13 16, nur von Apr.–Okt. geöffnet

TAF039

Der andere Teil der Insel

Als Tourist kann man auch dem türkisch besetzten Norden Zyperns einen Besuch abstatten

FAMAGUSTA

(E3) ★ Famagusta war bis 1974 der bedeutendste Hafen der Insel und vereinte nahezu alle Hotels Zyperns auf sich. Die Altstadt war schon seit 1964 ein rein türkisch-zypriotisches Wohnviertel, das unter dem Schutz der UN stand; die moderne Hotelstadt Varosha hingegen war ausschließlich von griechischen Zyprioten bewohnt.

Im Mittelalter war Famagusta noch vor Nicosia die bedeutendste Stadt der Insel. Im 14. Jh. hatte sie über 70 000 Einwohner. Über ihren Hafen wurde der Handel mit Vorderasien abgewickelt, der Famagusta unvergleichlichen Wohlstand einbrachte. Seine adligen Bewohner schwelgten in Reichtum und stifteten zahlreiche große Kirchen, deren Ruinen noch heute stehen. Sie bilden einen reizvollen Kontrast zu den orientalisch anmutenden Bazargassen und zu den Minaretten, die den christlichen Gotteshäusern bei der Umwandlung in Moscheen hinzugefügt wurden.

Beeindruckend erhebt sich die Lala-Mustafa-Moschee in Famagusta

BESICHTIGUNGEN

Lala-Mustafa-Moschee
Gut 90 Jahre nach dem Baubeginn an der gotischen Kathedrale von Nicosia und kurz nach der Vertreibung der letzten Kreuzritter aus dem Heiligen Land prosperierte das fränkische Königreich auf Zypern so sehr, daß man mit dem Bau einer zweiten Kathedrale in Famagusta begann, die binnen 28 Jahren fertiggestellt war und gleichzeitig mit der Sophienkathedrale in Nicosia 1326 geweiht wurde. Sie ist im Stil der Gotik erbaut; ihre prächtige Westfassade erinnert stark an die gotischen Kathedralen Frankreichs. Nur ein angebautes, kurzes Minarett verrät von außen, daß die Kirche 1571 in eine Moschee umgewandelt wurde.

Othello-Turm
Den Hafen von Famagusta sicherte im Mittelalter eine Zita-

delle, die in die Stadtmauern integriert war. Man nennt sie seitder britischen Kolonialzeit den Othello-Turm, weil Shakespeare's Tragödie ja auf Zypern spielt und diese kleine Burg am besten als Schauplatz der Ermordung seiner Gattin Desdemona vorstellbar ist. Von ihrem Dach aus hat man den schönsten Blick über die Altstadt von Famagusta.

RESTAURANTS

In der Altstadt von Famagusta gibt es mehrere einfache Restaurants, die meist nur türkische Lira als Zahlungsmittel akzeptieren. Für eine Mittagspause besonders zu empfehlen ist jedoch das Restaurant am Eingang zu den Ausgrabungen von Salamis. Da kann man am Meer sitzen.

ZIELE IN DER UMGEBUNG

Barnabas-Kloster (Moni Apostolou Varnava) (E 3)
Der Apostel Barnabas, der der Begleiter des hl. Paulus auf seiner Missionsreise durch Zypern war, wurde – so heißt es in der Legende – in Salamis ermordet. Im Jahre 477 fand Zyperns Erzbischof Anthemios das Grab des Heiligen, was kurze Zeit darauf zur Anerkennung einer unabhängigen zypriotischen Nationalkirche führte. Über dem Grab des Apostels steht heute eine kleine, moderne Kapelle etwa 100 Meter unterhalb des vermutlich im 5. Jh. gegründeten Barnabas-Klosters. Dessen Kirche stammt ursprünglich aus dem 10. Jh., wurde im 18. Jh. jedoch umgebaut.

Salamis (E 3)
★ Den besten Überblick über die Ausdehnung des antiken Salamis gewinnt man von den oberen Rängen des römischen Amphitheaters aus, das 15 000 Zuschauern Platz bot. Eindrucksvoll sind auch noch die Säulen und Fußböden der römisch-frühchristlichen Palästra, in der eine antike Gemeinschaftslatrine mit Platz für 44 Besucher gut er-

MARCO POLO TIPS FÜR DEN NORDEN ZYPERNS

1. **Famagusta**
In der Altstadt blieb die Zeit stehen (Seite 86)
2. **Salamis**
Ein archäologischer Park direkt am Meer (Seite 86)
3. **Kyreneia**
Schöner als hier am Hafen kann man in Zypern kaum sitzen (Seite 87)
4. **Schiffswrack-Museum**
Ein 2300 Jahre altes Schiff und seine Besatzung (Seite 88)
5. **Belapais**
Ein gotisches Augustinerkloster (Seite 88)
6. **Agios Ilarion**
Eine byzantinische Burg wie ein Adlerhorst (Seite 88)

Hafen und Festung von Kyreneia

halten blieb. Über das Ausgrabungsgelände verstreut liegen außerdem die Gemäuer zweier frühchristlicher Basiliken und eines antiken Zeus-Tempels.

Außerhalb des umzäunten Stadtgeländes fallen links der Straße zum Barnabas-Kloster einige merkwürdige Erdhügel auf. Sie markieren den Bereich der antiken Nekropole, deren Gräber anders als die Ruinen der Stadt nicht aus römischer Zeit stammen, sondern schon aus dem 7. und 6. Jh. v. Chr. Die Funde sind im Zypern-Museum in Nicosia zu sehen; vor Ort geblieben sind die Skelette von Zugtieren, die beim Begräbnis der Könige in deren Gräbern geopfert wurden.

KYRENIA

(C3) Nur 45 Autominuten von Nicosia entfernt liegt jenseits der schmalen Kette des Kyrenia-Gebirges Zyperns schönste Stadt. Auf türkisch heißt sie heute Girne.

Ihr Zentrum ist das kleine, fast kreisrunde Hafenbecken aus venezianischer Zeit. Das Ufer säumen Cafés und Restaurants, dahinter erheben sich jahrhundertealte Häuser. Eine Seite des Hafens nimmt eine mächtige Festung ein, innerhalb der Altstadt ragen Kirchtürme und Minarette auf. Gleich hinter dem Ort steigt die Landschaft steil zum Gebirge an; die alpin anmutenden Gipfel des Pendedaktilos sind ein berauschender Anblick. Die schmale Ebene entlang der Nordküste steht voller Zitronen- und Orangenbäume.

Ganz in der Nähe von Kyreneia liegt am Hang des Gebirges das Dorf Belapais mit der Ruine einer gotischen Abtei; ein Abstecher von der nach Nicosia führenden Straße bringt den Tagesausflügler zur Kreuzritterburg St. Hilarion. So erhalt man auch als Tagesbesucher schon einen guten Eindruck von der Nordküste.

BESICHTIGUNGEN

Burg

Die den Hafen dominierende Burg wurde bereits in byzantinischer Zeit angelegt und dann von den Franken und den Venezianern erweitert und zeitgenössischer Militärtechnik angeglichen. Von den Mauern aus hat man den schönsten Blick über Kyreneia und die Berge.

Hafen

★ Im Hafen von Kyreneia haben schon Schiffe der Byzantiner, der Kreuzritter und der Venezianer gelegen. Mitten in der Hafeneinfahrt erkennt man die Ruinen eines Turms, von dem aus im Mittelalter zum Schutz vor unerwünschten Gästen eine Kette zum heutigen Zollhaus hinübergespannt werden konnte.

MUSEEN

Ikonen-Museum

Nach der Invasion von 1974 sind zahlreiche christliche Kunstwerke außer Landes geschmuggelt und an ausländische Sammler verkauft worden. Eine Reihe von Ikonen, die rechtzeitig vor der Plünderung in die Magazine der Archäologen gebracht werden konnten, sind seit 1990 in der Archangelos-Kirche in der Altstadt von Kyreneia ausgestellt.

Schiffswrack-Museum

★ Vor 2300 Jahren sank vor der Küste Kyrenias ein Handelsschiff, dessen Wrack und Ladung Archäologen vor 20 Jahren vom Grund des Mittelmeers bargen. Der Fund ist jetzt in einem Museum in der Burg zu sehen. *Tgl. 8–13 und 14.30–17.30 Uhr*

RESTAURANTS

Eine entspannte Mittagspause legt man am besten in einem der Restaurants am malerischen Hafen ein. Dort werden sogar zypriotische und deutsche Währung akzeptiert.

ZIELE IN DER UMGEBUNG

Belapais (C 3)

★ Das schöne Bergdorf, das vor 1974 von griechischen Zyprioten bewohnt war, kann sich der romantischsten Ruine des Landes rühmen. Augustinermönche gründeten hier im Jahre 1205 eine Abtei, die schnell Reichtum und Einfluß erlangte. Die prächtigen Spitzbögen des ehemaligen Kreuzgangs zeugen noch ebenso davon wie das große, intakt gebliebene Refektorium und die Kellerräume im Baustil der Gotik.

Agios Ilaron (C 3)

★ Von den Gipfeln des Kyrenia-Gebirges aus reicht der Blick an klaren Tagen sogar bis zur türkischen Küste. Schon die Byzantiner hatten aus diesem Grund auf einigen Bergen stattliche Wehrburgen erbaut, von denen aus sie die See zwischen Zypern und Kleinasien überwachen konnten. Die Burg Agios Ilarion ist die größte und besterhaltene von ihnen.

Politik im Spiegel der Namen

Die Nennung türkischer Ortsnamen auf den Karten im Umschlag dieses Reiseführers dient einzig und allein der besseren Orientierung des Reisenden, der sie in dieser Form auch im türkisch besetzten Teil der Insel vorfindet. Sie stellen keine Anerkennung politischer Verhältnisse auf der Insel dar.

Von Auskunft bis Zoll

Hier finden Sie kurzgefaßt die wichtigsten Adressen und Informationen für Ihre Zypernreise

AUSKUNFT

Fremdenverkehrszentrale Zypern
Kaiserstr. 50, 60329 Frankfurt, Tel. 069/251919, Fax 25 20 88
Parkring 20, 1010 Wien, Tel. 0222/513 18 70, Fax 513 18 72
Gottfried-Keller-Straße 7, 8001 Zürich, Tel. 01/2 62 33 03, Fax 251 24 17

ARZT

Die ärztliche Versorgung ist gut. Viele Ärzte haben in Großbritannien oder Deutschland studiert und sprechen englisch oder deutsch.

Zwischen den deutschsprachigen Ländern und Zypern besteht kein Sozialversicherungsabkommen. Ärztliche Behandlung und Arzneimittel müssen in Zypern bar bezahlt werden. Darum ist der Abschluß einer Auslandskrankenversicherung im Heimatland dringend anzuraten.

AUTO

Autos dürfen für maximal drei Monate zoll- und steuerfrei eingeführt werden; eine Verlängerung dieser Frist kann in Nicosia im Zollamt beantragt werden. Die grüne Versicherungskarte muß für Zypern gültig geschrieben sein. Fährverbindungen bestehen ab Piräus.

BANKEN UND GELD

Zypriotische Währungseinheit ist die Lira, auch Pound genannt (abgekürzt CYL). Eine Lira ist in 100 Cents (c) unterteilt. Im Umlauf sind Banknoten im Wert von 1, 5, 10 und 20 CYL sowie 50 c und Münzen im Wert von 1, 2, 5, 10, 20 und 50 c.

Eingeführt werden dürfen 50 CYL pro Person. Reise- und Eurocheques (125 CYL pro Scheck) werden von allen Banken eingelöst. Kreditkarten sind weit verbreitet. Abhebungen vom Postsparbuch sind nicht möglich.

Alle Banken sind montags bis samstags von 8.30 bis 12 Uhr geöffnet. Die Bankschalter an den Flughäfen von Larnaka und Pafos sind bei jeder Auslandsankunft dienstbereit. In den Großstädten und touristischen Zentren haben einige Banken auch nachmittags von 15.30 bis 17.30 (Okt.–April) und von 16 bis 18 Uhr (Mai–Sept.) geöffnet.

BOTSCHAFTEN UND KONSULATE

Deutschsprachige Länder:

Botschaft der Republik Zypern
Kronprinzenstraße 58, 53173 Bonn-Bad Godesberg, Tel. 02 28/36 33 36 und 36 35 96

Botschaft der Republik Zypern
Parkring 20, 1010 Wien, Tel. 0222/ 513 06 30

Konsulat der Republik Zypern
Talstraße 83, 8001 Zürich,
Tel. 01/21 13 023

Zypern:

Botschaft der Bundesrepublik Deutschland
Nikitaras Street 10, Nicosia,
Tel. 02/44 43 32

Generalkonsulat der Republik Österreich
Praxippon Street 3,
Nicosia,
Tel. 02/45 19 94

Botschaft der Schweiz
Th. Thervi Street 46,
Nicosia,
Tel. 02/44 62 62

CAMPING

Die sechs Campingplätze Zyperns sind nur im Sommerhalbjahr geöffnet. Direkt am Strand liegen die Plätze von Agia Napa, Governor's Beach, Larnaka, Polis und Geroskipou; im Gebirge der Platz beim Ort Troodos.

Benutzungsgebühren 1,25 bis 1,50 CYL pro Tag, Zelt und Person.

Wildes Zelten ist offiziell verboten, im Sommer jedoch auch bei Einheimischen sehr weit verbreitet.

FKK

Das Nacktbaden ist in Zypern streng untersagt und wird auch nirgends praktiziert. »Topless« sieht man jedoch viele Damen an den Stränden und Pools.

FOTOGRAFIEREN UND FILMEN

Foto- und Filmaufnahmen in den archäologischen Stätten sind kostenlos erlaubt. Für Aufnahmen in den staatlichen Museen muß man die Erlaubnis einige Tage im voraus schriftlich beantragen. Das Fotografieren und Filmen von militärischen Anlagen, also auch von der Green Line in Nicosia, ist streng untersagt und wird zumindest mit Filmbeschlagnahmung geahndet. Filme sind in Zypern teurer als bei uns.

JUGENDHERBERGEN

Zyperns Jugendherbergen sind sehr einfach. Ausländer benötigen einen Internationalen Jugendherbergsausweis. Jugendherbergen gibt es in Larnaka, Limassol, Nicosa, Pafos, Stavros tis Psokas und Troodos.

Übernachtungspreis 3,50–5 CYL pro Person und Nacht.

LEIHFAHRZEUGE

Autos, Mopeds und Motorräder werden in allen touristischen Zentren vermietet. Autos sind in den Sommermonaten häufig knapp, Reservierung empfiehlt sich. Zum Anmieten eines Fahrzeugs genügt der nationale Führerschein.

Preisbeispiele: Kleinwagen ab 15 CYL pro Tag ohne Kilometerbegrenzung, Mopeds ab 4 CYL pro Tag, Fahrräder ab 2 CYL pro Tag.

NORD-ZYPERN

Tagesausflüge in den türkisch besetzten Inselteil sind nur auf eigene Faust möglich. Der einzige Grenzübergang befindet sich in Nicosia am alten »Ledra Palace Hotel«. Nur hier erhält man Auskunft darüber, ob die Grenze zur Zeit geöffnet ist. Der Grenzübergang kann nur zu Fuß und nur zwischen etwa 7.30 und 18 Uhr passiert werden. Übernachtungen im besetzten Teil sind ebenso wie Einkäufe dort von griechisch-zypriotischer Seite aus streng verboten.

Die Behörden des besetzten Teils erteilen ein Tagesvisum gegen Zahlung von 1 CYL sofort. Der Reisepaß darf von ihnen auf keinen Fall abgestempelt werden.

Den besetzten Teil von Nicosia kann man bequem zu Fuß erkunden; für den Besuch anderer Orte mietet man sich am besten ein Taxi.

NOTRUF

Polizei, Feuerwehr, Krankenwagen: *Tel. 119*

ÖFFENTLICHE VERKEHRSMITTEL

Das preiswerteste Verkehrsmittel ist der Linienbus. Busse verbinden alle Städte untereinander. Die meisten Dörfer sind per Bus nur schlecht zu erreichen, da die Dorfbusse meist morgens aus den Dörfern in die Städte fahren und am Nachmittag in sie zurückkehren.

Eine Alternative zu den Bussen sind die Sammeltaxis (Service Taxis) mit zumeist sieben Sitzplätzen, die auf den gleichen Strecken fahren wie die Busse. Man bestellt telefonisch einen Platz und wird dann an jeder beliebigen Adresse im Abfahrtsort abgeholt und an jeder beliebigen Adresse am Zielort abgesetzt.

Busse und Sammeltaxis verkehren nur tagsüber; Busse nur werktags und Sammeltaxis sonntags nur mit stark eingeschränkter Kapazität.

Individualtaxis gibt es in allen Städten und touristischen Zentren sowie in vielen Dörfern. Sie sind mit Taxameter ausgestattet.

Preisbeispiel: Für die Fahrt von Larnaka nach Nicosia (50 km) zahlt man mit dem Linienbus 1 CYL, mit dem Sammeltaxi 1.70 CYL und mit dem Individualtaxi 13 CYL (zwischen 23 und 6 Uhr 15 CYL).

PASS

Zur Einreise ist ein Reisepaß notwendig, der mindestens noch 3 Monate lang gültig sein muß. Für Kinder genügt ein Eintrag im Paß der mitreisenden Eltern oder ein Kinderausweis ohne Lichtbild. Die Pässe dürfen keinen Stempel der »Türkischen Republik Nord-Zypern« aufweisen.

POST UND TELEFON

Post- und Telefondienst sind getrennte Einrichtungen. Telefongespräche können von Kartentelefonzellen und den Büros der

Telefongesellschaft CTO sowie von den Hotels aus im Selbstwähldienst geführt werden. Bei Auslandsgesprächen ist die Null der Ortskennzahl fortzulassen. Telefonkarten sind zu 3, 5 und 10 CYL erhältlich.
Vorwahl für Auslandsgespräche:
Bundesrepublik Deutschland 0049
Österreich 0043
Schweiz 0041
Vorwahl nach Zypern:
00357
Öffnungszeiten: Die Telefonämter haben von Ort zu Ort unterschiedliche Öffnungszeiten. Die Postämter sind werktags von 7.30 bis 13 Uhr, samstags nur bis 12 Uhr geöffnet; die Hauptpostämter von Nicosia, Larnaka, Limassol und Pafos außerdem montags bis freitags auch 16–18 Uhr

SONNENUNTERGANG

In Zypern wird es im Sommer früher dunkel als bei uns, die Dämmerung währt nur etwa 30 Minuten. Die ungefähre Sonnenuntergangszeit für alle Monate:

Januar	16.45 Uhr
Februar	17.30 Uhr
März	17.45 Uhr
April	19.15 Uhr
Mai	19.45 Uhr
Juni/Juli	20.00 Uhr
August	19.30 Uhr
September	19.00 Uhr
Oktober	17.15 Uhr
November	16.45 Uhr
Dezember	16.30 Uhr

STROMSPANNUNG

Die Stromspannung beträgt 220/240 Volt Wechselstrom. Deutsche Stecker passen nicht; an den meisten Hotelrezeptionen können Adapter ausgeliehen werden.

TIERE

Haustiere dürfen erst nach einer sechsmonatigen Quarantänezeit eingeführt werden.

TRINKGELD

In den Rechnungen von Hotels und Restaurants ist ein zehnprozentiges Bedienungsgeld bereits enthalten. Bei Zufriedenheit kann ein zusätzliches fünf- bis zehnprozentiges Trinkgeld gegeben werden.

TRINKWASSER

Leitungswasser kann überall bedenkenlos getrunken werden, ist in den Großstädten aber nicht sonderlich schmackhaft. In Flaschen abgefülltes Mineralwasser ist überall erhältlich.

VERKEHRSREGELN

In Zypern wird links gefahren. Vorfahrt hat dennoch, wer von rechts kommt. Geschwindigkeitsbegrenzung in Ortschaften 50 km/h, auf Landstraßen 80 km/h, auf Autobahnen 100 km/h.

ZEITUNGEN, FUNK UND TV

Deutschsprachige Zeitungen und Zeitschriften sind in den Städten und touristischen Zentren mit ein- bis zweitägiger Verspätung erhältlich.

In Zypern erscheinen die englischsprachige Tageszeitung »Cyprus Mail« und die Wochenzeitung »Cyprus Weekly«. Der zypriotische Rundfunk sendet in seinem Zweiten Programm täglich außer sonntags von 8 bis 8.30 Uhr die deutschsprachige Informationssendung »Welcome to Cyprus« (603 kHz, 498 m, VHF und UKW 94,8 MHz).

ZEITUNTERSCHIED

Da in Zypern die gleiche Sommerzeitregelung gilt wie bei uns, ist es dort ganzjährig eine Stunde später als bei uns.

ZOLL

Volljährige Urlauber dürfen pro Person 200 Zigaretten oder 250 g Tabak sowie 1 l Spirituosen bei der Einreise nach Zypern einführen.

In die deutschsprachigen Länder dürfen eingeführt werden: 2 l Wein und 1 l Spirituosen sowie 200 Zigaretten beziehungsweise 250 g Tabak. Der Wert weiterer Mitbringsel darf 350 Mark nicht überschreiten.

WETTER IN NICOSIA

Die monatlichen Durchschnittswerte im Überblick

	Jan.	Feb.	März	April	Mai	Juni	Juli	Aug.	Sept.	Okt.	Nov.	Dez.
Tagestemperaturen in °C	15	15	19	24	29	33	37	36	33	28	23	17
Nachttemperaturen in °C	5	5	7	10	14	18	21	21	18	14	11	[illegible]
Sonnenschein Std./Tag	5	6	7	8	10	12	12	12	10	8	6	5
Niederschlag Tage/Monat	11	9	5	3	3	1	0	0	1	3	5	9
Wassertemperaturen in °C	16	16	17	18	20	21	23	24	25	24	21	18

Bloß nicht!

Auch auf Zypern gibt es – wie in allen Reiseländern – Touristenfallen und Dinge, die man besser meidet

Glücksspiele
Auf Kirchweihfesten und Jahrmärkten bietet sich reihenweise die Gelegenheit zu Glücksspielen. Wer kein Griechisch spricht, ist meist der Verlierer.

Nackte Haut
Am Strand haben Urlauber einen Freibrief und können fast soviel Haut zeigen, wie sie wollen. In Kirchen und Klöstern erwartet man aber bedeckte Knie, Schultern und Bäuche.

Kurzkreuzfahrten
Reisebüros und Reiseleiter sind in einigen Hotels sehr bemüht, den Urlauber vom Reiz einer Kurzkreuzfahrt ins Heilige Land oder zu den ägyptischen Pyramiden zu überzeugen. Man genieße aber lieber das Hier und Jetzt: Zypern hat genug Interessantes zu bieten, der Aufenthalt in Jerusalem oder Kairo ist unbefriedigend kurz – und die Reiseleiter in Israel und Ägypten sind mehr an Provisionen für Souvenirkäufe interessiert als an einer qualifizierten Führung.

Prozente
In Pano Lefkara hat jeder Urlauber den Eindruck, gerade zur Ausverkaufszeit zu kommen. Überall werden gerade zehn oder mehr Prozent Preisnachlaß angeboten. Die freilich gibt es das ganze Jahr über – man sollte darum das Handeln auf keinen Fall vergessen.

Kirchen und Klosterbesuche
Ohne geziemende Kleidung, also bedeckte Schultern und Knie, wird niemandem Eintritt in Klöster und Kirchen gewährt. Wer darüber hinaus den einheimischen Sitten gegenüber noch Respekt beweisen will, verschränkt in Kirchen die Arme nicht auf dem Rücken, zeigt nicht mit den Fingern auf Ikonen und wendet der Ikonostase nicht in ihrer unmittelbaren Nähe den Rücken zu. Bei Klosterbesuchen in der Mittagszeit bedenke man, daß auch Mönche und Nonnen einen Mittagsschlaf halten.

Gastfreundschaft
Wer zu einem Täßchen Kaffee eingeladen wurde, darf auf keinen Fall gehen, bevor die Kaffeetasse erkaltet ist.

Cabarets
Wer abendliche Unterhaltung sucht, muß wissen, daß ein zypriotisches Cabaret eine Art mieses Bordell ist.

REGISTER

In diesem Register finden Sie alle in diesem Führer erwähnten Orte und die Sehenswürdigkeiten. Hauptnennungen sind halbfett gedruckt, Fotoangaben kursiv.

Orte

Was bekomme ich für mein Geld?

Für ein ausgiebiges Abendessen zahlt man 5–7 CYL pro Person, für eine Flasche Wein im Restaurant 2–6 CYL. Im Laden kostet die gleiche Flasche Wein nur 80–120 c. Einen zypriotischen Mokka bekommt man für 30–40 c, einen Nescafé für 50–90 c. Ein Brandy Sour wird dem Gast mit 80–120 c in Rechnung gestellt. Ein Kilo Orangen erhält man überall ab 30 c, ein Kilo Kartoffeln ab 25 c und ein Kilo Schweinefleisch ab 1,30 CYL.

Für Liegestuhl und Sonnenschirm am Strand werden 1–2 CYL pro Tag verlangt. Ein Surfboard kann man für 4 CYL pro Stunde ausleihen, Surfunterricht für die Unerfahrenen kostet pro Stunde 6 CYL. Für eine Runde Wasserski zahlt man in der Regel etwa 7 CYL.

Eine Postkarte nach Deutschland wird mit 21 c frankiert. Bei einem Telefongespräch nach Deutschland kostet eine Minute Mo–Sa von 10 bis 22 Uhr 43,3 c, sonst 30 c.

Organisierte Tagesausflüge werden von den Reisebüros für 9–12 CYL angeboten, für einen Mietwagen zahlt man ab 15 CYL pro Tag. Eine Fahrt mit dem Linienbus entlang der gesamten Südküste von Agia Napa nach Pafos kostet 3,35 CYL.

DM	CYL	CYL	DM
1	0,32	0,10	0,32
2	0,63	0,50	1,58
3	0,95	1,00	3,15
4	1,27	2,00	6,30
5	1,59	3,00	9,45
10	3,17	4,00	12,60
20	6,35	5,00	15,75
25	7,94	7,50	23,63
30	9,52	10,00	31,50
40	12,70	20,00	63,00
50	15,87	30,00	94,50
75	23,81	40,00	126,00
100	31,75	50,00	157,50
200	63,49	60,00	189,00
250	79,37	70,00	220,50
300	95,24	80,00	252,00
500	158,73	90,00	283,50
750	238,10	100,00	315,00
1.000	317,46	250,00	787,50
2.000	634,92	500,00	1575,00

Bei Scheckzahlung/Automatenabhebung am Urlaubsort berechnet die Heimatbank die obenstehenden Kurse. Stand: August 1996

Sprechen und Verstehen ganz einfach

Zur Erleichterung der Aussprache sind alle griechischen Wörter mit einer einfachen Aussprache (in der mittleren Spalte) versehen. Folgende Zeichen sind Sonderzeichen:

'	die nachfolgende Silbe wird betont
ð	wie englisches »th« in »the«, mit der Zungenspitze hinter den Zähnen
θ	wie englisches »th« in »think«, mit der Zungenspitze zwischen den Zähnen

AUF EINEN BLICK

Ja.	nä.	Ναι.
Nein.	'ochi.	'Οχι.
Vielleicht.	'issos.	'Ισως.
Bitte.	paraka 'lo.	Παρακαλώ.
Danke.	äfchari'sto.	Ευχαριστώ.
Entschuldigung!	si'gnomi!	Συγνώμη!
Wie bitte?	o'ristä?	Ορίστε;
Ich verstehe Sie nicht.	ðä sass katala'wäno.	Δε σας καταλαβαίνω.
Bitte, wiederholen Sie es.	na to ksana'pite, paraka'lo.	Νά το ξαναπείτε, παρακαλώ.
Ich spreche nur wenig …	mi'lo 'mono liga …	Μιλώ μόνο λίγα …
Können Sie mir bitte helfen?	bo'ritä na mä woi'θisätä paraka'lo?	Μπορείτε να με βοηθήσετε, παρακαλώ,
Ich möchte …	'θälo …	θέλω …
Das gefällt mir nicht.	af'to ðän mu a'rässi.	Αυτό δεν μου αρέσει.
Haben Sie …?	'ächätä …	'Εχετε …;
Wieviel kostet es?	'posso ko'stisi?	Πόσο κοστίζει;
Wieviel Uhr ist es?	ti 'ora 'inä?	Τι ώρα είναι;
Heute	'simära	Σὴμερα
Morgen	'awrio	Αύριο

KENNENLERNEN

Guten Morgen!	kali'mära!	Καλημέρα!
Guten Tag!	kali'mära!/'chärätä!	Καλημέρα/Χαίρετε!
Guten Abend!	kali'spära!	Καλησπέρα!
Hallo! Grüß dich!	'jassu!	Γειά σου!
Wie geht es Ihnen/dir?	'poss 'istä?/'issä?	Πώς είστε;/είσαι
Danke.	äfchari'sto.	Ευχαριστώ.
Und Ihnen/dir?	äs'sis/äs'si?	Εσείς/εσύ;
Auf Wiedersehen!	a'dio!	Αντίο!
Tschüs!	'jassu!	Γειά σου!

UNTERWEGS

Auskunft

links/rechts	aristä'ra/ðäks'ja	Αριστερά/Δεξιά
geradeaus	ef'θia	Ευθεία
nah/weit	ko'nda/maykri'a	Κοντά/Μακριά
Wie weit ist es zum/zur …?	'posso ma'kria 'inä ja …?	Πόσο μακριά είναι για …;
Ich möchte … mieten.	'θälo na ni'kjasso …	Θέλω να νοικιάσω …
… ein Auto	'äna afto 'kinito	ένα αυτοκίνητο
… ein Fahrrad	'äna po'ðilato	ένα ποδήλατο
… ein Boot	'mia 'warka	μια βάρκα
Bitte, wo ist …?	paraka'lo, 'pu 'inä …?	Παρακαλώ, πού είναι …;

Panne

Ich habe eine Panne.	'äpaθa zim'ja.	Έπαθα ζημειά
Würden Sie mir bitte einen Abschleppwagen schicken?	θa bo'russatä na mu 'stilätä 'äna 'ochima ri'mulkissis?	Θα μπορούσατε να μου στείλετε ένα όχημα ρυμούλκησης;
Wo ist hier in der Nähe eine Werkstatt?	'pu i'parchi ä'ðo kon'da 'äna sinär'jio?	Πού υπάρχει εδώ κοντά ένα συνεργείο;

Tankstelle

Wo ist bitte die nächste Tankstelle?	'pu 'inä, sass paraka'lo, to e'pomäno wensi'naðiko?	Πού είναι, σας παρακαλώ, το επόμενο βενζινάδικο;
Ich möchte … Liter …	'θälo … 'litra …	Θέλω … λίτρα …
… Normalbenzin.	ap'li wän'sini.	… απλή βενζίνη.
… Super./Diesel.	'supär./'disäl.	… Σούπερ./Ντήζελ.
… bleifrei/verbleit.	a'moliwði/mä'moliwðo.	… αμόλυβδη/με μόλυβδο.
… mit … Oktan.	mä … o'ktanja.	με … οκτάνια.
Volltanken, bitte.	jä'mistä, paraka'lo.	Γεμίστε, παρακαλώ.
Prüfen Sie bitte den Ölstand.	äksä'tastä, paraka'lo ti 'staθmi tu lað'ju.	Εξετάστε, παρακαλώ τη στάθμη του λαδιού.

Unfall

Hilfe!	wo'iθja!	Βοήθεια!
Achtung!/Vorsicht!	prosso'chi!	προσοχή!
Rufen Sie bitte schnell …	ka'lästä, paraka'lo, 'grigora …	Καλέστε, παρακαλώ, γρήγορα …
… einen Krankenwagen.	'äna asθäno'foro.	… ένα ασθενοφόρο.
… die Polizei.	tin astino'mia.	… την αστυνομία.
… die Feuerwehr.	tim piroswästi'ki ipirä'sia.	… την πυροσβεστική υπηρεσία.
Geben Sie mir bitte Ihren Namen und Ihre Anschrift.	'pästä mu paraka'lo to 'onoma kä ti ðiäfθin'si sass.	Πέστε μου παρακαλώ το όνομα και τη διεύθυνσή σας.

ESSEN/UNTERHALTUNG

Wo gibt es hier …	pu i'parchi ä'ðo	Πού υπάρχει εδώ …
… ein gutes Restaurant?	'äna ka'lo ästia'torio?	… ένα καλό εστιατόριο;
Gibt es hier eine gemütliche Taverne?	i'parchi ä'ðo ta'wärna mä 'anäti at'mosfära?	Υπάρχει εδώ ταβέρνα με ανετη άτμόσφαιρα;
Reservieren Sie uns bitte für heute abend einen Tisch für 4 Personen.	kra'tistä mas paraka'lo ja 'simera to'wraði 'äna tra'päsi ja 'tässära 'atoma.	Κρατήστε μας παρακαλώ για σήμερα το βράδυ ένα τραπέζι για 4 άτομα.
Bezahlen, bitte.	paraka'lo, na pli'rosso.	Παρακαλώ, να πληρώσω.
Das Essen war ausgezeichnet.	to faji'to 'itan äksäräti'ko.	Το φαγητό ήταν εξαιρετικό.
Messer	ma'chäri	Μαχαίρι
Gabel	pi'runi	Πηρούνι
Löffel	ku'tali	Κουτάλι
Teelöffel	kuta'lakki	Κουταλάκι

EINKAUFEN

Wo finde ich …?	pu θa wro …?	Πού θα βρω …;
Apotheke	to farma'kio	το φαρμακείο
Bäckerei	to artopo'lio	το αρτοπωλείο
Fotoartikel	ta fotografi'ka 'iði	τα φωτογραφικά είδη
Kaufhaus	to polika'tastima	το πολυκατάστημα
Lebensmittelgeschäft	to ka'tastima tro'fimon	το κατάστημα τροφίμων
Markt	i ajo'ra	η αγορά

ÜBERNACHTUNG

Können Sie mir bitte … empfehlen?	bo'rita paraka'lo na mu si'stissätä	Μπορείτε παρακαλώ να μου συστήσετε …
… ein Hotel	'äna ksänoðo'chio?	… ένα ξενοδοχείο;
… eine Pension	'mia pan'sjon?	… μια πανσιόν;
Ich habe bei Ihnen ein Zimmer reserviert.	'äðo sä sas 'äklissa 'äna ðo'matjo.	Εδώ σε σας έκλεισα ένα δωμάτιο.
Haben Sie noch Zimmer frei?	'ächätä a'kommi ðo'matja ä'läfθära?	Έχετε ακόμη δωμάτια ελεύθερα;
… für eine Nacht	ja mja 'nichta	… για μια νύχτα
… für zwei Tage	ja 'ðio 'märäs	… για δυο μέρές
… für eine Woche	ja mja wðo'maða	… για μια βδομάδα
Was kostet das Zimmer mit …	'posso ko'stisi to ðo'matjo mä	Πόσο κοστίζει το δωμάτιο με …
… Frühstück?	proi'no?	… πρωινό;
… Halbpension?	'mäna 'jäwma?	… μ'ένα γεύμα;

PRAKTISCHE INFORMATIONEN

Arzt

Können Sie mir einen guten Arzt empfehlen?	bo'ritä na mu siss'tissätä 'änan ka'lo ja'tro?	Μπορείτε να μου συστήσετε έναν καλό γιατρό;
Ich habe hier Schmerzen.	ä'ðo 'ächo 'ponnus.	Εδώ έχω πόνους.

Bank

Wo ist hier bitte …	'pu 'inä ä'ðo paraka'lo …	Πού είναι εδώ παρακαλώ …
… eine Bank?	mja 'trapäsa?	… μια τράπεζα;
… eine Wechselstube?	äna gra'fio sina'lagmatos?	… ενα γραφείο συναλλάγματος;
Ich möchte … DM (Schilling, Schweizer Franken) in Drachmen wechseln.	'θälo na a'lakso … järmani'ka 'marka (sä'linia, älwäti'ka 'franga) sä ðrach'mäs.	Θέλω να αλλάξω … γερμανικά μάρκα (σελίνια, ελβετικά φράγκα) σε δραχμές.

Post

Was kostet …	'posso ko'stisi …	Πόσο κοστίζει …
… ein Brief …	'äna 'gramma	… ένα γράμμα
… eine Postkarte …	mja 'karta	… μια κάρτα …
… nach Deutschland?	ja ti järma'nia?	… για τη Γερμανία;
Österreich/Schweiz	Afs'tria/Elwe'tia	Αυστρία/Ελβετία

Zahlen

0	mi'ðän	μηδέν	20	'ikossi	είκοσι
1	'äna	ένα	21	'ikossi 'äna	είκοσι ένα
2	'ðio	δύο	22	'ikossi'ðio	είκοσι δύο
3	'tria	τρία	30	tri'anda	τριάντα
4	'tässära	τέσσερα	40	sa'randa	σαράντα
5	'pändä	πέντε	50	pä'ninda	πενήντα
6	'äksi	έξι	60	ä'ksinda	εξήντα
7	ä'fta	εφτά	70	äwðo'minda	εβδομήντα
8	o'chto	οχτώ	80	og'ðonda	ογδόντα
9	ä'näa	εννέα	90	änä'ninda	ενενήντα
10	'ðäka	δέκα	100	äka'to	εκατό
11	'ändäka	έντεκα	200	ðia'kosja	διακόσια
12	'ðoðäka	δώδεκα	1000	'chilia	χίλια
13	ðäka'tria	δεκατρία	2000	'ðio chi'ljaðäs	δύο χιλιάδες
14	ðäka'tässära	δεκατέσσερα	10000	'ðäka chi'ljaðäs	δέκα χιλιάδες
15	ðäka'pändä	δεκαπέντε			
16	ðäka'äksi	δεκαέξι	1/2	to 'äna 'ðäftäro	(το) ένα δεύτερο
17	ðäkaä'fta	δεκαεφτά			
18	ðäkao'chto	δεκαοχτώ	1/4	to 'äna 'tätarto	(το) ένα τέταρτο
19	ðäkaä'näa	δεκαεννέα			

Κατάλογος φαγητών
Speisekarte

Προϊνό		FRÜHSTÜCK
Καφέ σκέτο	ka'fä 'skäto	ungesüßter Kaffee
Καφέ με γάλα	ka'fä mä 'jala	Kaffee mit Milch
Τσάι με λεμόνι	'tsai mä lä'moni	Tee mit Zitrone
Τσάι από βότανα	'tsai a'po 'wotana	Kräutertee
Σοκολάτα	soko'lata	Schokolade
Χυμό φρούτου	chi'mo 'frutu	Fruchtsaft
Αυγό μελάτο	aw'jo mä'lato	weiches Ei
Ομελέτα	omä'lätta	Omelette
Αυγά μάτια	aw'ja 'matja	Spiegeleier
Αυγά με μπέικον	aw'ja mä 'bäikon	Eier mit Speck
Ψωμί/ψωμάκι/τοστ	pso'mi/pso'maki/'tost	Brot/Brötchen/Toast
Κρουασάν	kruas'san	Hörnchen
Φρυγανιές	frigan'jäs	Zwieback
Βούτυρο	'wutiro	Butter
Τυρί	ti'ri	Käse
Λουκάνικο	lu'kaniko	Wurst
Ζαμπόν	sam'bon	Schinken
Μέλι	'mäli	Honig
Μαρμελάδα	marmä'laða	Marmelade
Γιαούρτι	ja'urti	Joghurt
... με καρύδια	mä ka'riðja	... mit Walnüssen
Φρούτα	'fruta	Obst

Ορεκτικά/Σούπες		VORSPEISEN/SUPPEN
Ελιές	ä'ljäs	Oliven
Φέτα	'fäta	Scheibe Ziegenkäse
Μελιτζάνα σαλάτα	mäli'dsana sa'lata	Auberginensalat
Ντολμαδάκια	dolma'ðakja	Gefüllte Weinblätter (kalt)
Γίγαντες	'jigandäs	Pferdebohnen
Γαρίδες	ga'ridäs	Krabben
Τυρόπιτα	ti'ropitta	Käsetasche
Σαγανάκι	saga'naki	Gebratene Käsescheiben
Κοτόσουπα	kot'tosupa	Hühnersuppe
ψαρόσουπα	psa'rosupa	Fischsuppe
Ταραμοσαλάτα	taramosa'lata	Fischeiersalat
Ζωμός κρέατος	so'mos 'kräatos	Kraftbrühe
Τοματόσουπα	toma'tosupa	Tomatensuppe
Λαχανόσουπα	lacha'nosupa	Gemüsesuppe
Μαγειρίτσα	maji'ritsa	Ostersuppe

Σαλάτες — SALATE

Σκορδαλιά	skorðal'ja	Kartoffel-Knoblauch-Püree
Τομάτα	to'mata	Tomate
Αγγουράκια	angu'rakja	Gurken
Χωριάτικη	chor'jatiki	Bauernsalat
Μαρούλισαλάτα	ma'ruli sa'lata	Römersalat
Τζατζίκι	dsa'dsiki	Cremiges Joghurt mit geriebenen Gurken und Knoblauch
Λαχανοσαλάτα	lachanosa'lata	Krautsalat
Πατατοσαλάτα	patatosa'lata	Kartoffelsalat
Άγρια Χόρτα	'agria 'chorta	Unkrautsalat (Löwenzahn, Huflattich und Brennessel)

Ψάρια — FISCHGERICHTE

Αστακός λαδολέμονο	asta'kos laðo'lämono	Hummer mit Öl- und Zitronensoße
Γαρίδες	ga'riðes	Krabben
Χταπόδι	Chta'poði	Krake
Μπαρμπούνια σχάρας	bar'bunia 'ßcharas	Rotbarben gegrillt
Γλώσσα τηγανητά	'glossa tijani'ta	Seezunge gebraten
Μύδια	'miðia	Muscheln
Καλαμαράκια τηγανητά	kalama'rakja tigani'ta	Tintenfische gebraten
Μπακαλιάρος φουρνου	baka'ljaros 'furnu	Stockfisch im Backofen
Πέστροφα	'pästroffa	Forelle
Σολομός	solo'mos	Lachs
Κακαβιά	kakaw'ja	Bouillabaisse
Καραβίδες	kara'wiðes	große Scampi
Χριστόψαρο	chris'topsaro	Petersfisch
Σκουμπρί	skum'bri	Makrele
Κολοιός	kol'jos	Makrele
Τσιπούρα	tsi'pura	Dorade
Φαγκρι	fan'gri	Zahnbrasse
Τόνος	'tonnos	Thunfisch
Ξνφίας	ksi'fias	Schwertfisch

Πουλερικά και άγρια — GEFLÜGEL UND WILD

Κότα μέ σούπα αύγολέμονο	'kota mä 'supa awgo'lämono	Huhn in Zitronensuppe
Κοτόπουλο ψητό	ko'topulo psi'to	Brathuhn
Γαλοπούλα ψητή	galo'pula psi'ti	Truthahn gebraten
Κουνέλι	ku'näli	Kaninchen

Φαγητά μέ κρέας		FLEISCHGERICHTE
Μπόν φιλέ	bon fi'lä	Lendenfilet
Παϊδάκια αρνίσια	pai'ðakja ar'nisia	Lammkotelett
Μπριζόλες χοιρινές	bri'soläs chiri'näs	Schweinekotelett
Σουτζουκάκια	sudsu'kakja	Würstchen
Σουβλάκι	su'wlaki	Fleischspieß
Σουβλάκια	su'wlakja	Kleine Fleischspieße
Μπιφτέκι	bi'ftäki	Gehacktes vom Grill
Αρνί ψητό	ar'ni psi'to	Lammbraten
Αρνί στό φούρνο	ar'ni sto 'furno	Lammfleisch im Backofen
Μοσχάρι κοκκινιστό	mos'chari kokkini'sto	Kalbfleisch gedämpft
Μοσχάρι ψητό	mos'chari psi'to	Kalbsbraten
Μιξτ Γκριλλ	'mikst 'gril	Gemischtes vom Grill
Γουρουνόπουλο	guru'nopulo	Spanferkel gebraten
Γύρος	'jiros	Diverse Fleischsorten am senkrechten Drehspieß
Βοδινό φιλέτο ψητό	woði'no fi'läto psi'to	Rinderfilet
Κατσίκι	kat'siki	Zicklein

Λαχανικά		GEMÜSEGERICHTE
Ντολμάδες	dol'maðäs	Gefüllte Weinblätter (warm)
λάχανο	'lachano	Weißkohl
Αγκινάρες	angi'naräs	Artischocken
Μελιτζάνες γεμιστές	mäli'dsanäs jämi'stäs	Gefüllte Auberginen
Τομάτες γεμιστές	to'matäs jämi'stäs	Gefüllte Tomaten
Πιπεριές γεμιστές	pipä'rjäs jämi'stäs	Gefüllte Paprikaschoten
Τουρλού	tur'lu	Bunter Gemüseeintopf
Φασολάκια	faso'lakja	Grüne Bohnen
Μουσακάς	mussa'kas	Auberginen-Fleisch-Auflauf
Μπάμιες	'bamjäs	Okras
Πιπεριές τηγανητές	pipä'rjäs tigani'täs	Paprika gebraten
Παστίτσιο	pa'stitsjo	Nudelauflauf mit Fleischfüllung
Κολοκυθάκια	koloki'θakja	Zucchini
Φασόλια	fas'solja	Weiße Bohnen
Πατάτες τηγανητές	pa'tatäs tigani'täs	Pommes frites
Σπανακόρυζο	spana'koriso	Spinat mit Reis

Επιδόρπια — NACHSPEISEN

Μπακλαβάς	bakla'was	Blätterteig in Sirup mit Nußfüllung
Κρέμα	'kräma	Griespudding
Ρυζόγαλο	ri'sogalo	Reispudding
Σταφύλια	sta'filia	Trauben
Καρπούζι	kar'pusi	Wassermelone
Πεπόνι	pä'poni	Honigmelone
Ροδάκινα	ro'ðakina	Pfirsiche
Μήλο	'milo	Apfel
Αχλάδι	ach 'laði	Birne
Μούσμουλα	'mussmulla	Mispeln

Ποτά
Getränke

ΑλκοοΆλούχα ποτά — ALKOHOLISCHE GETRÄNKE

Ούζο	'uso	Anisschnaps
Άσπρο κρασί	'aspro kras'si	Weißwein
Κόκκινο κρασί	'kokkino kra'si	Rotwein
Χύμα	'chima	Wein vom Faß
Ξερό	kse'ro	trocken
Ημίγλυκο	i'miglikko	halbtrocken
Ρετσίνα	rä'tsina	Geharzter Weißwein
Κονιάκ	kon'jak	Weinbrand
Τσίπουρο	'tsippuro	Tresterschnaps
Μπύρα	'bira	Bier

Μη αλκοολούχα ποτά — ALKOHOLFREIE GETRÄNKE

Φραππέ	frap 'pä	Kalter Kaffee
Ελληνικός καφές	älini'kos ka'fäs	Griechischer Mokka
Τσάι	tsai	Tee
Πορτοκαλάδα	portoka'laða	Orangeade
Λεμονάδα	lämo'naða	Limonade
Μέταλλικό νερό	mättali'ko nä'ro	Mineralwasser

Sprechen und Verstehen ganz einfach

Zur Erleichterung der Aussprache:

ı	nur angedeutetes »e« wie in »bitt**e**n, dank**e**n«, Bsp.: ırmak
c	wie in »In**ge**nieur«, Bsp.: cam
ç	wie in »**Tsch**eche, deu**tsch**«, Bsp.: çan
h	wie in »Ba**ch**, no**ch**«, Bsp.: hamam
ğ	»Dehnungs-g«, wird nicht ausgesprochen. Entspricht deutschem »Dehnungs-h« in »Za**h**n«, Bsp.: yağmur
j	wie in »Gara**g**e, Lo**g**e«, Bsp.: jilet
ş	wie in »**sch**ön, Ti**sch**«, Bsp.: şeker
v	wie in »**W**asser, **V**ioline«, Bsp.: vermek
y	wie in »**j**eder«, Bsp.: yok
z	wie in »le**s**en, rei**s**en«, Bsp.: deniz

AUF EINEN BLICK

Ja./Nein.	Evet./Hayır.
Bitte./Danke.	Lütfen./Teşekkür ederim.
Gern geschehen.	Rica ederim.
Entschuldigung!	Afedersiniz!/Özür dilerim.
Wie bitte?	Efendim?/Nasıl?
Ich verstehe Sie/dich nicht.	Sizi/Seni anlayamıyorum.
Ich spreche nur wenig …	Biraz … konuşuyorum.
Können Sie mir bitte helfen?	Lütfen bana yardım eder misiniz?
Ich möchte …	… istiyorum.
Das gefällt mir (nicht).	Bu hoşuma gidiyor (gitmiyor).
Haben Sie …?	Sizde … var mı?
Wieviel kostet es?	Bu kaça?
Wieviel Uhr ist es?	Saat kaç?

KENNENLERNEN

Guten Morgen!	Günaydın!
Guten Tag!	İyi günler!/Merhaba!
Guten Abend!	İyi akşamlar!
Hallo! Grüß dich!	Merhaba!/Selâm!
Wie ist Ihr Name, bitte?	İsminiz nedir?/Adınız nedir?
Mein Name ist …	İsmim …
Wie geht es Ihnen/dir?	Nasılsınız?/Nasılsın?
Danke. Und Ihnen/dir?	Teşekkür ederim. Siz nasılsınız?/ Sen nasılsın?
Auf Wiedersehen!	Allaha ısmarladık!
Tschüs!	Eyvallah!/Hoşça kal!
Bis bald!	Yakında görüşmek üzere!
Bis morgen!	Yarın görüşmek üzere!

UNTERWEGS

Auskunft

links/rechts	sol/sağ
geradeaus	doğru
nah/weit	yakın/uzak
Wie weit ist das?	Ne kadar uzaklıkta?
Ich möchte für zwei Tage … mieten.	İki günlüğüne … kiralamak istiyorum.
einen Wagen	bir araba
ein Fahrrad	bir bisiklet
Bitte, wo ist …?	Affedersiniz, … nerede?
der Hauptbahnhof	merkez istasyonu, ana gar
die U-Bahn	metro
der Flughafen	hava alanı/limanı
Zum … Hotel.	… oteline.

Panne

Ich habe eine Panne/ einen Platten.	Bir arıza/patlak lastik var.
Würden Sie mir bitte einen Mechaniker/einen Abschleppwagen schicken?	Lütfen, bana bir tamirci/ bir çekme arabası gönderir misiniz?
Wo ist hier in der Nähe eine Werkstatt?	Yakında nerede bir tamirhane var?

Tankstelle

Wo ist bitte die nächste Tankstelle?	En yakın benzinci nerede acaba?
Ich möchte … Liter …	… litre istiyorum
… Normalbenzin.	… normal benzin
… Super./… Diesel.	… süper./motorin.
… bleifrei/… verbleit.	… kurşunsuz/kurşunlu.
Volltanken, bitte.	Doldurun/Ful, lütfen.

Unfall

Hilfe!	İmdat!
Achtung!/Vorsicht!	Dikkat!
Rufen Sie bitte schnell …	Acele … çağırın, lütfen.
… einen Krankenwagen.	… ambülans
… die Polizei.	… polisi
… die Feuerwehr.	… itfaiyeyi
Haben Sie Verbandszeug?	Sargı malzemeniz var mı?
Es war meine/Ihre Schuld.	Benim suçumdu./Sizin suçunuzdu.
Ich möchte den Schaden durch meine Versicherung regeln lassen.	Hasarı sigortam aracılığıyla düzelttirmek istiyorum.
Geben Sie mir bitte Ihren Namen und Ihre Anschrift.	Lütfen bana isim ve adresinizi verin.

ESSEN/UNTERHALTUNG

Wo gibt es hier …	Burada nerede … var?
… ein gutes Restaurant?	… iyi bir lokanta
… ein typisches Restaurant?	… tipik bir lokanta
Gibt es hier eine gemütliche Kneipe?	Burada rahat bir meyhane var mı?
Reservieren Sie uns bitte für heute abend einen Tisch für 4 Personen.	Bu akşama dört kişilik bir masa ayırın lütfen.
Auf Ihr Wohl!	Sağlığınıza!
Bezahlen, bitte.	Hesabı lütfen.
Hat es geschmeckt?	Hoşunuza gitti mi?
Das Essen war ausgezeichnet.	Yemek çok güzeldi.
Wo werden Bauchtänze aufgeführt?	Göbek dansı nerede gösteriliyor?

EINKAUFEN

Wo finde ich …?	Nerede … bulabilirim?
eine Apotheke	eczane
eine Bäckerei	fırın, ekmekçi
Fotoartikel	fotoğraf malzemesi
ein Kaufhaus	büyük mağaza, süpermarket
ein Lebensmittelgeschäft	bakkal, gıda satış mağazası
den Markt	pazar, çarşi

ÜBERNACHTUNG

Können Sie mir bitte … empfehlen?	Bana … tavsiye edebilir misiniz, lütfen?
… ein gutes Hotel	… iyi bir otel
… eine Pension	… bir pansiyon
Ich habe bei Ihnen ein Zimmer reserviert.	Ben bir oda ayırttım.
Haben Sie noch Zimmer frei?	Boş odanız var mı?
ein Einzelzimmer	tek kişilik bir oda
ein Zweibettzimmer	çift yataklı bir oda
mit Dusche/Bad	duşlu/banyolu
für eine Nacht	bir gecelik
für eine Woche	bir haftalık
mit Blick aufs Meer	denize bakan/deniz manzaralı
Was kostet das Zimmer mit …	Bu oda … kaça?
… Frühstück?	… kahvaltılı?
… Halbpension?	… akşam/öğlen yemekli (yarım pansiyon)?

PRAKTISCHE INFORMATIONEN

Arzt

Können Sie mir einen guten Arzt empfehlen?	Bana iyi bir doktor tavsiye edebilir misiniz?
Ich habe Kopfschmerzen.	Benim başım ağrıyor.
Ich habe Fieber.	Ateşim var.
Ich habe Zahnschmerzen.	Dişim ağrıyor.
Ich habe hier Schmerzen.	Buram ağrıyor.
Ich habe mir den Magen verdorben.	Midem bozuldu.

Bank

Wo ist hier bitte eine Bank?	Nerede banka var?
Ich möchte … DM (Schilling, Schweizer Franken) in türkische Lira umwechseln.	Mark (Şilin, İsviçre Frankı) karşılığında Türk Lirası istiyorum.

Post

Was kostet …	Bir … kaça gidiyor?
… ein Brief …	… mektup …
… eine Postkarte …	… posta kartı …
… nach Deutschland?	… Almanya'ya?

Zahlen

0	sıfır	19	on dokuz
1	bir	20	yirmi
2	iki	21	yirmi bir
3	üç	22	yirmi iki
4	dört	30	otuz
5	beş	40	kırk
6	altı	50	elli
7	yedi	60	altmış
8	sekiz	70	yetmiş
9	dokuz	80	seksen
10	on	90	doksan
11	on bir	100	yüz
12	on iki	200	iki yüz
13	on üç	1000	bin
14	on dört	2000	iki bin
15	on beş	10000	on bin
16	on altı		
17	on yedi	1/2	yarım
18	on sekiz	1/4	dörtte bir

Yemek listersi

Speisekarte

ÇORBARLAR	SUPPEN
işkembe çorbası	Pansensuppe
kremalı domates çorbası	Tomatencremesuppe
kremalı kuşkonmaz çorbası	Spargelcremesuppe
kremalı işkembe çorbası	Kuttelsuppe
kremalı mantar çorbası	Pilzcremesuppe
sebze çorbaları	Gemüsesuppe
yayla çorbası	Reissuppe

ÇEREZLER	VORSPEISEN
beyaz peynir	Weißer Käse, Schafskäse
beyin tava ve salatası	Gebackenes Hirn mit Salat
fasulye pilâki	Bohnen in Öl
jambonlu kavun	Melone mit Schinken
midye dolma	Gefüllte Muscheln
pastırma	Dörrfleisch
rus Salatası	Russischer Salat
zeytinyağli yaprak sarması	Gefüllte Weinblätter in Öl

SOĞUK ETLER	KALTES FLEISCH
dil füme garnili	Zunge garniert
jambon garnili	Gekochter Schinken garniert
karışık soğuk et tabaği	Gemischte Fleischplatte
kuzu veya dana rosto	Lamm- oder Kalbsbraten
soğuk rozbif garnili	Roastbeef garniert
tavuk söğüş garnili	Kaltes Huhn garniert

YUMURTALAR — EIERSPEISEN

alakok yumurta	Weichgekochtes Ei
rafadan yumurta	Spiegelei
sucuklu yumurta	Ei mit Wurst
mantarlı omlet	Pilzomelett
omlet patatesli	Kartoffelomelett
tavuk ciğerli omlet	Omelett mit Hühnerleber

PİRİNÇ VE HAMUR İŞLERİ — REIS UND TEIGWAREN

börek çeşitleri	verschiedene Pasteten
mantı	Türk. Ravioli in Joghurt
raviyoli	Ravioli
spaghetti bolonez	Spaghetti mit Hackfleischsoße
talaş Kebap	Holzspän-Kebap
tereyağli pilav	Butterreis

IZGARA ETLER VE ROTİLER — GEGRILLTES UND GEBRATENES

ciğer tava veya ızgara	Leberschnitten gebraten oder gegrillt
döner kebap	gegrilltes Fleisch am senkrechten Spieß
etli sebzeler	Gemüse mit Fleisch
karışık ızgara	Gemischte Grillplatte
kuzu pirzola	Lammkotelett
macar gulaş	Ungarisches Gulasch
piliç ızgara	Gegrilltes Hähnchen
şiş kebap	Fleischspieß

BALIKLAR — FISCH

alabalık	Forelle
çipura	Goldbrasse
dil balığı	Seezunge
gümüş balığı	Ahrenfisch
hamsi	Sardelle
hamsigiller	Hering
iskorpit	Meersau
iskorpit hanisi	Wrackbarsch
kalkanbalığı	Steinbutt

karagöz balığı	Geißbrasse
kılıçbalığı	Schwertfisch
kırlangıç balığı	Roter Knurrhahn
kolyos balığı	Mittelmeermakrele
levrek	See-, Meerbarsch
lüfer	Blaubarsch
mezgit, mezit	Zwergdorsch
palamut	Bonito
papaz balığı	Mönchsfisch
sardalya	Sardine
trahunya	Petermännchen
uskumru	Makrele
uskumru turnası	Makrelenhecht
zargana balığı	Horn-, Nadelhecht

SALATALAR	SALATE
çesitli salatalar tabağı	Salatplatte
domates salatası	Tomatensalat
hıyar salatası	Gurkensalat
karışık salata	Gemischter Salat
mevsim salatası	Salat der Saison
pancar turşusu	Rote-Bete-Salat
çeşitli turşular	Mixed Pickles

TATLI VE MEYVALAR	OBST UND SÜßSPEISEN
baklava	Blätterteig in Zuckersirup mit Nuß-/Pistazienfüllung
ceviz	Walnüsse
dondurma	Eis
elma	Apfel
helva	Türkischer Honig
hurma	Dattel
incir	Feige
karışık meyva	Früchtekorb
karpuz	Wassermelone
kavun	Honigmelone
kayısı	Aprikose
kompostolar	Kompott
meyva salatası	Obstsalat
muhtelif alaturka hamur tatlıları	Mehlsüßspeisen
peşmelba	Pfirsich Melba
portakal	Apfelsine
şeftali	Pfirsich

İçkiler
Getränkekarte

BARDAKLA SATILAN SERT İÇKİLER	ALKOHOLISCHE GETRÄNKE
rakı	Anisschnaps
votka	Wodka
kanyak	Kognak
çeşitleri	Anisschnaps
likör	Liköre
bira	Bier
beyaz şarap	Weißwein
kırmızı şarap	Rotwein

MEŞRUBAT VE AZ ALKOLLÜ İÇKİLER	ALKOHOLFREIE GETRÄNKE
ayran	Joghurtgetränk
domates suyu	Tomatensaft
limonata	Limonade
maden suyu/soda	Mineralwasser
portakal suyu	Orangensaft
taze meyva suları	Frische Fruchtsäfte
buzlu çay	Eistee
çay porselen bardakta	Tasse Tee
çay servisi süt ile	Kännchen Tee mit Milch
espreso kahve	Espresso
şekerli kahve	Kaffee mit Zucker
sütlü kahve	Milchkaffee
Türk kahvesi	Türkischer Kaffee